北京仲裁

BEIJING ARBITRATION QUARTERLY

北京仲裁委员会
Beijing Arbitration Commission
北京国际仲裁中心
Beijing International Arbitration Center

第 115 辑（2021年第1辑） Vol. 115（2021, No. 1）

主　办：北京仲裁委员会／北京国际仲裁中心

协　办：中国国际私法学会

武汉大学国际法研究所

中国法制出版社

CHINA LEGAL PUBLISHING HOUSE

目录

特　　载

专　　论

比较研究

Contents

Special Report

Monograph

Comparative Law Study

中国国际服务贸易年度观察（2021）

石静霞 *

现代经济是服务经济。近年来，随着互联网信息通信技术的迅猛发展和产业结构的演变，服务业在全球经济中所占的比重日益上升。服务业的地位上升带动了国际服务贸易的迅速发展。[①] 2010 年至 2019 年，全球服务贸易额年均名义增长 4.8%，是同期货物贸易增速的 2 倍；服务贸易占贸易总额的比重由 20.3% 提高至 23.8%。按全球价值链理论和增值（value-added）贸易统计核算方法，服务贸易目前已占全球贸易量的 50% 以上。[②] 尽管 2020 年受新冠肺炎疫情的冲击，服务贸易各部门均受不同程度影响，如 2020 年第四季度国际服务贸易额比 2019 年同期下降 18%，但服务业仍占全球经济产出的 2/3 以上，吸引超过 2/3 的外国直接投资，在发展中国家中提供近 2/3 的就业机会，发达国家则达到 4/5。[③]

我国近年来高度重视服务业和服务贸易的发展。2020 年 9 月，国务院先

---

* 石静霞，中国人民大学法学院教授、博士生导师，北京仲裁委员会 / 北京国际仲裁中心仲裁员。

① *See* Orio Giarini and Patrick M. Liedtke, *Understanding the New Service Economy: Economics, Technology and Risk Management*, The Geneva Papers on Risk and Insurance-Issues and Practice, Vol. 26, No. 2, pp. 156-172 (2001).

② WTO, International Trade Report 2019: The Future of Services Trade, https://www.wto.org/english/res_e/booksp_e/03_wtr19_2_e.pdf, pp. 22-44.

③ WTO, *Four Quarter 2020 Trade in Services*, https://www.wto.org/english/res_e/statis_e/daily_update_e/serv_latest.pdf, updated on March 31, 2021.

后批复和印发国家服务业扩大开放综合示范区、中国（北京）自由贸易试验区（以下简称“两区”）相关方案。[①] 将北京打造为国家服务业扩大开放综合示范区，并设立以科技创新、服务业开放、数字经济为主要特征的自由贸易试验区，旨在带动我国形成更高层次的改革开放新格局。因此，“两区”的设立既是北京改革开放进程中的大事，也是我国服务业发展的重大战略性尝试，有利于加快构建以国内大循环为主体、国内国际双循环相互促进的新发展格局，并推动北京服务经济的高质量发展。

在上述背景下，本文在第一部分介绍世界贸易组织（World Trade Organization，以下简称WTO）框架下服务贸易法的核心内容；第二部分讨论中国作为被诉方的两个WTO服务贸易案（即“中国电子支付服务案”和“中国——出版物和视听服务案”），以加深对服务贸易重点纪律的理解；第三部分关注晚近国际经贸协定中的服务贸易新规则和我国参与谈判的相关情况；第四部分概要提炼我国服务业的发展趋势及进一步的市场开放问题。

一、WTO框架下的服务贸易及法律框架

鉴于服务业在现代经济中的重要性，在1986年启动的乌拉圭回合谈判中，服务贸易与投资和知识产权一起，被列为三大新议题。经过多年讨价还价和相互妥协，各谈判参加方于1994年4月在摩洛哥马拉喀什签署了规范服务贸易的第一套多边原则和规则，即《服务贸易总协定》（General Agreement on Trade in Services，以下简称GATS）。作为乌拉圭回合一揽子协议的组成部分，GATS于1995年1月1日生效。GATS的谈判及达成对促进全球服务贸易的自由化，从而推动世界范围内更广泛深入的经济合作，具有里程碑意义。[②]

（一）GATS的由来及其结构特点

1. GATS的谈判及签订

由于服务贸易与货物贸易的明显差别，适用于货物贸易管理的措施，如关

---

① 《国务院关于深化北京市新一轮服务业扩大开放综合试点建设国家服务业扩大开放综合示范区工作方案的批复》（国发〔2020〕123号），2020年9月7日发布。

② OECD：*GATS – The Case for Open Services Markets*，2002，available at：https：//www.oecd-ilibrary.org/docserver/9789264196452-en.pdf?expires=1621416094&id=id&accname=guest&checksum=728D2CFC038C3B4FD015DD59323D64A7（last visited May 4，2021）.

税、配额等边境措施，并不能被用来对服务贸易进行规制。作为“关税与贸易总协定”（General Agreement on Tariff and Trade，以下简称 GATT）基本原则的关税保护、关税约束等，也同样无法适用于服务贸易。美国作为世界上经济最发达的国家，其服务业占国民生产总值的 80% 以上，具有很强的国际竞争力。在国内经济增长放缓的情况下，美国服务业希望进入其他国家的市场。[①] 几乎与乌拉圭回合谈判同时进行的北美自由贸易协定（North America Free Trade Agreement，以下简称 NAFTA）谈判，涵盖了服务贸易内容，这对乌拉圭回合 GATS 的谈判和签订也产生了重要影响。[②] 经过三个阶段的艰苦谈判，从服务贸易的定义和范围，到服务贸易多边框架原则与规则的提出，及至最后谈判方提交具体承诺表，GATS 及其附件和承诺表于 1995 年 1 月 1 日与乌拉圭回合最终协议一同生效。

2. GATS 的框架结构

（1）区分 WTO 成员的一般义务与特定义务

从总体上看，GATS 大部分规则围绕服务市场的开放和相关纪律的构建，仿效了 GATT 以贸易自由化为中心的做法，并借鉴了不少 GATT 条文的规定。同时，由于 GATS 作为世界上第一套规制多边服务贸易的框架性协议，其规则和纪律具有初创性，特别体现为 GATS 在结构上的重要特点，即区分成员的一般义务和特定义务。一般义务是所有成员普遍承担的义务，适用于服务业的各个部门。这类义务规定在 GATS 第二部分（从第 2 条到第 15 条），包括最惠国待遇、透明度和一般例外等。特定义务也称为“具体承诺义务”，规定在 GATS 第三部分，包括市场准入、国民待遇和额外承诺。只有当 WTO 成员在其具体承诺表中作出承诺后，该成员才承担此类义务。GATS 采取将一般义务与具体承诺义务分开规范的做法，既可使各成员在服务贸易领域遵守一些共同原则和普遍义务，又可使其根据本国服务业的实际发展情况，避免本国服务业因市场开放而受到过于严重的冲击。

---

① *See* William J. Drake & Kalypso Nicolaïdis, *Ideas, interests, and institutionalization:" trade in services" and the Uruguay Round*, International Organization, Vol.46, No.1, pp. 37–100（2009）.

② *See* Mary E. Footer, *The International Regulation of Trade in Services Following Completion of the Uruguay Round*, The International Lawyer, Vol. 29, No. 2, pp. 453–481（1995）.

（2）框架协定和成员的具体服务承诺表

GATS的完整内容由两大部分构成，即框架协定和各成员按GATS第20条提交的具体服务承诺表。GATS框架协定又由两部分构成，即条款部分和附件部分。GATS条款部分由序言和6个部分共29条构成，主要包括服务贸易的定义及GATS的适用范围、成员的“一般义务和纪律”、成员的“特定义务”、服务贸易的逐步自由化以及制度条款和最后条款。同时，根据GATS第29条规定，GATS的8个附件是其不可分割的组成部分。

（3）有关服务贸易的案件情况

理解服务贸易的法律问题，不能脱离目前已有的GATS案例。乌拉圭回合首次将服务贸易纳入谈判议题，并制定了适用于WTO框架内所有协议的统一争端解决规则与程序（Dispute Settlement Understanding，以下简称DSU），包括服务贸易争端在内。截至2020年底，WTO成员共提起了30个有关服务贸易的案件。其中，有裁决结果的案件包括纯粹的服务贸易案件3起，即“墨西哥电信案”（WT/DS204）、“美国博彩案”（WT/DS285）、“中国电子支付服务案”（WT/DS413）。此外，还有涉及服务贸易的案件9起，即“欧共体香蕉案”（WT/DS16，WT/DS27，WT/DS105）、“加拿大期刊案”（WT/DS31）、“加拿大汽车案”（WT/DS139，WT/DS142）、“中国出版物案”（WT/DS363）、“阿根廷涉及货物和服务贸易措施案”（WT/DS453）、“欧盟有关能源业的某些措施案”（WT/DS476）等。[①]

在WTO框架下，与货物贸易案件数量相比，服务贸易案件数量明显偏少，有裁决结果的案件比例也较低。造成这种情形的原因主要有：第一，各成员在GATS正面清单模式下，对服务贸易领域承诺的义务还比较有限；第二，GATS及服务贸易相关的法律规则还不成熟和详尽；第三，对于许多涉及服务贸易的争议，特别是因模式3（商业存在）所引起的案件，投资者选择了更为常见和发展相对成熟的投资仲裁方式解决。根据对投资仲裁案件的类型统计可知，截至2020年12月31日，联合国贸易与发展会议（UNCTAD）的投资

① WTO，Disputes by Agreement，https：//www.wto.org/english/tratop_e/dispu_e/dispu_agreements_index_e.htm.

仲裁案件统计共报告 1104 个案件，其中 734 个案件涉及服务业投资。[①] 尽管服务贸易目前尚未成为 WTO 争端解决的热点，但鉴于服务贸易的迅速发展及 GATS 法理的逐步完善，这方面的案件会逐渐增多。

（二）GATS 对服务贸易的界定及协定适用范围

1. GATS 对“服务贸易”的界定

与货物相比，服务具有明显的不同，这特别体现在服务的无形性、生产和消费的即时性、提供者与服务质量的密切关联性等方面。GATS 没有直接对“服务”下定义，也没有采取传统的界定内涵和外延的方式对“服务贸易”下定义。GATS 第 1 条第 2 款从服务提供的角度，将“服务贸易”独特地界定为通过下述四种方式提供的服务：

（1）跨境提供（cross-border supply），即从一成员境内向另一成员境内提供服务。近年来，随着互联网信息技术的快速发展，跨境提供日益成为服务贸易的重要模式。

（2）境外消费（consumption abroad），即一成员的服务消费者到另一成员境内接受服务。例如，一国学生到另一国留学，一国旅游者到另一国旅游等。

（3）商业存在（commercial presence），即一成员的服务提供者在另一成员境内通过设立子公司、分公司、分支机构、代表处等提供服务。这种服务提供方式往往与服务业投资联系在一起，具有规模大、范围广等特点，对服务消费者所在国特别是发展中国家的经济冲击力较强，因而属于受规制较多的服务提供方式。

（4）自然人流动（movement of natural persons），也称为自然人存在（presence of natural persons），即一成员的服务提供者到另一成员境内提供服务。例如，一国教授或医生到另一国从事个体服务，工人到国外承包建筑工程等。因该种提供模式涉及自然人的流动和在他国的临时存在，常与签证发放甚至移民、就业等问题联系在一起，属于较为敏感的提供模式，各国开放程度有限。

GATS 第 1 条所规定的服务贸易定义是理解 GATS 其他条文和各成员服务承诺表的基本出发点。同时，因各国的 GATS 具体承诺表按照服务提供模式

---

① UNCTAD, Investment Policy Hub – *Investment Dispute Settlement Navigator*, https://investmentpolicy.unctad.org/investment-dispute-settlement/advanced-search（last visited May 1, 2021）.

作出，正确理解这四种模式的含义非常关键。[①] 但因 GATS 服务贸易定义并未对其内涵进行清晰界定，在实践中可能会产生一些问题，包括服务原产地的确定、服务外包活动中的权利和义务等。[②] 此外，近年来随着制造业的日益服务化，货物和服务的界限趋于模糊，货物中包含着越来越多的服务价值，使得相关问题更为复杂。[③]

2. GATS 的适用范围

GATS 第 1 条第 1 款规定，“本协定适用于成员所有影响（affecting）服务贸易的措施”。注意该款所用的措辞是“影响”服务贸易的措施，而不是“支配”（governing）或“规制”（regulating）服务贸易的措施。这意味着 GATS 有非常广泛的适用范围，不仅针对那些成员直接管制或规范服务贸易的措施，而且只要有关措施对服务贸易造成了直接或间接影响，均应受到 GATS 的纪律约束。这里的“措施”指成员任何形式的措施，无论采取法律、法规、规章、程序、决定、行政行为的形式还是任何其他形式。

在早期服务贸易案件中，包括“欧共体香蕉案”、“加拿大期刊案”和“加拿大汽车案”等，WTO 争端解决机构（DSB）均明确地解释，GATS 第 1 条第 1 款所用的“影响”一词表明了 GATS 广泛的适用范围。GATS 义务与其他的 WTO 义务是累加的而非相互排斥的关系，一项措施既可以违反 GATT，也可以同时违反 GATS，反之亦然。WTO 成员影响货物贸易（如汽车、期刊、香蕉等）的措施，如果影响到相关的服务贸易，如汽车分销服务、期刊广告

① 关于四种服务提供方式的进一步理解，参见联合国秘书处经济和社会事务部基于联合国、世界贸易组织、国际货币基金组织、经济合作与发展组织、世界旅游组织、欧盟统计局合作编纂的《国际服务贸易统计手册》（2010 年版）第 5 章（“按不同模式分类的国际服务供应统计”），载 https://unstats.un.org/unsd/tradeserv/TFSITS/msits2010/docs/MSITS%202010%20M86%20（C）%20web.pdf，第 113–148 页，最后访问时间：2021 年 4 月 18 日。

② 更多讨论参见 Duy Dihn, *Rules of Origin for Services: From the Early Days of GATS to the Era of Servification*, Edward Elgar Publishing, 2020, pp. 34–81; Olivier Cadot *et. al.* (eds.), *The Origin of Goods: Rules of Origin in Regional Trade Agreements*, Oxford University Press, 2006, Chapter 4, Rules of Origin for Services: Economic and Legal Considerations, 2006, pp. 87–112.

③ *See e.g., Sebastian Forkmann et. al., Understanding the Service Infusion Process as a Business Model Reconfiguration*, Industrial Marketing Management, Vol. 60, pp. 151–166 (2017).

服务、香蕉销售服务等，同样须受到 GATS 纪律的约束。[①] 同时，根据 GATS 第 1 条第 3 款，“成员措施”包括成员的中央、地区或地方政府和主管机关采取的措施，以及由中央、地区或地方政府和主管机关授权行使权力的非政府机构采取的措施。

3. 服务部门及分类

乌拉圭回合服务贸易谈判组在征求各谈判方提案和意见的基础上，综合考虑服务贸易统计和服务贸易部门的开放要求，参照《联合国中心产品分类目录》（UN Central Products Classification，以下简称 CPC），以部门为中心将服务贸易分为 12 大类，并在此基础上进一步细分出 155 个分部门或独立的服务活动。1991 年，GATT 秘书处编写了一份有关服务部门分类的说明（即“GNS/W/120 服务部门分类清单”）[②] 和“1993 年承诺表编制指南”，[③] 以指导谈判方进行服务贸易的具体承诺及列表。

在服务贸易争端解决中，对涉案的 WTO 成员具体服务承诺表进行正确解读的前提之一是将所涉服务进行合理分类，进而结合承诺表中的义务，以判断成员措施的合法性。在有些案件中，服务分类不是争议问题，如“欧共体香蕉案”中的香蕉分销服务。但在有些案件中，对所涉服务如何分类成为处理争端的前提之一。例如，在“中国电子支付案”中，电子支付服务（Electronic Payment Services，EPS）如何分类就直接关联到中国所承担的具体义务。随着信息技术和各国经济的不断发展，新的服务门类层出不穷，GATS 框架下的服务分类所联结的 CPC 临时版本已经严重过时，亟须成员谈判以补充确定更科

① WTO, *European Communities – Regime for the Importation, Sale and Distribution of Bananas, Complaint by the United States*, WT/DS27/AB/R, September 9, 1997, pp. 93–95; WTO, Canada – Certain Measures Affecting the Automotive Industry, WT/DS139/AB/R, WT/DS142/AB/R, Report of the Appellate Body, May 31, 2000, pp. 48–55.

② Multilateral Trade Negotiations the Uruguay Round – Group of Negotiations on Services, *Services Sectoral Classification List – Note by the Secretariat*, MTN.GNS/W/120, July 10, 1991.

③ 12 大类服务具体包括：商业服务，通信服务，建筑及有关工程服务，销售服务，教育服务，环境服务，金融服务，健康与社会服务，旅游及相关服务，娱乐、文化与体育服务，交通运输服务和其他服务。Uruguay Round negotiations: *Scheduling of Initial Commitments in Trade in Services: Explanatory Note*, MTN.GNS/W/164, September 3, 1993; *Scheduling of Initial Commitments in Trade in Services: Explanatory Note, Addendum*, MTN.GNS/W/164/Add.1, November 30, 1993.

学的服务分类方法。[①]

（三）GATS 的一般纪律与义务

虽然 GATS 借用了不少 GATT 规则对国际服务贸易进行规范，但因服务贸易与货物贸易的差别，特别是服务贸易的复杂性和客体的无形性等特点，一些货物贸易规则和监管措施难以在服务贸易领域直接适用。在理解 GATS 基本规则与纪律时，对比其与 GATT 规则的异同，有助于更好地理解和掌握 GATS 规则。在 GATS 所规定的各成员的一般性义务和纪律中，最惠国待遇义务居于中心地位。

1. 最惠国待遇义务

（1）GATS 最惠国待遇的原则与例外

作为非歧视原则的核心规则之一，最惠国待遇既是适用于所有成员的一般义务，也是GATS得以存在的重要基础，是多边服务贸易自由化的基本保证。根据 GATS 第 2 条，有关本协议的任何措施，每一成员给予任何其他成员的服务或服务提供者的待遇，应立即无条件地以不低于前述待遇给予其他任何成员相同的服务或服务提供者。

尽管 GATS 最惠国待遇仍是成员的普遍义务，但该条款在 GATS 中所处的地位以及具体规则与 GATT 有所不同。首先，最惠国待遇原则在服务贸易中不仅适用于服务本身，而且适用于服务提供者。其次，与 GATT 第 1 条相比，GATS 第 2 条规定的最惠国待遇具有更大的灵活性。对于 WTO 成员而言，其最惠国待遇义务范围是由负面清单来决定的——它适用于除列于成员清单以外的所有服务部门。换言之，每个成员可以保持与最惠国待遇义务不一致的措施，只要该措施经谈判被列入 GATS《免除第 2 条义务的附件》，并符合该附件规定的条件。在 WTO 协定生效前，共有 61 份这样的豁免清单，如美国在海运、民用航空、基础电信、金融服务等行业作了最惠国待遇豁免。欧盟、加拿大、澳大利亚在文化产业部门进行了 MFN 保留。中国在海运服务等方面

---

① *See* Ruosi Zhang, *Covered or Not Covered*: *That Is the Question*: *Services Classification and Its Implications for Specific Commitments under the GATS*, WTO Staff Working Paper No. ERSD-2015-11, December 7, 2015.

进行了最惠国待遇豁免。[①]

GATS 之所以允许对最惠国待遇有巨大削弱作用的这类豁免存在，是因为在很大程度上，发达国家担心发展中国家在服务贸易问题上“免费搭车”（free riding）。“免费搭车”是最惠国待遇原则适用中一直未能得到解决的问题。GATS 规定了无条件的最惠国待遇，这也是 WTO 自由贸易框架存在的重要基石。同时也应注意到，近年来有贸易协定开始纳入互惠基础上的最惠国待遇条款，如 2019 年 5 月 30 日生效的《非洲自由贸易区协定》框架下的《服务贸易议定书》在无条件最惠国待遇基础上，对于缔约方之间或缔约方与其他国家之间签订的服务贸易协定中的更优惠待遇扩及本协定缔约方时，可以要求在互惠基础上给予。有学者比较了 GATS 无条件最惠国待遇和《非洲自由贸易区协定》中创新性的互惠性最惠国待遇条款，指出两者的不同并建议对“互惠”一词进行清晰界定，以更好地实施此类条款。[②]

（2）GATS 最惠国待遇在实践中的法理解释

与 GATT 最惠国待遇类似，GATS 第 2 条规定的最惠国待遇义务旨在确立所有 WTO 成员在服务提供方面的机会均等。“欧共体香蕉案”裁决指出，尽管 GATS 第 2 条并没有明确规定其包括事实上（de facto）的歧视，但在解释 GATS 第 2 条“最惠国待遇”的含义时，应参照 GATT 第 1 条“最惠国待遇”而非 GATS 第 17 条“国民待遇”的规定，GATS 最惠国待遇实际上包括了事实上和法律上（de jure）的歧视。[③] 该案中的被告欧共体认为，GATS 第 2 条如果包括事实上的歧视，应该明确予以规定，但这种观点没有被上诉机构所认同。如果一项措施明确对于来源地不同的服务或服务提供者进行歧视，则属于法律上的歧视。一项措施即使没有基于来源地给予不同待遇，但仍有可能构成事实上的歧视，如果该措施给予一些 WTO 成员的服务或提供者在事实上更优惠的待遇。

---

① *See* Aaditya Mattoo, *MFN and the GATS*, January 1999, https: //www.iatp.org/sites/default/files/MFN_and_the_GATS.htm（last visited May 8, 2021）, part 4（*MFN Exemptions Listed by Members*）.

② Article 4, Protocol on Trade in Services, The Agreement Establishing the African Free Trade Area. Sadia Bakarr, MFN in Services Trade: A Comparative Analysis of the General Agreement on Trade in Services and the African Continental Free Trade Area Agreement, *Transnational Dispute Management*, October 2020.

③ WTO, *European Communities – Regime for the Importation, Sale and Distribution of Bananas, Complaint by the United States*, WT/DS27/AB/R, September 9, 1997, pp. 95–111.

关于GATS规定的最惠国待遇的判断标准，上诉机构在“加拿大汽车案”（WT/DS139，WT/DS142）裁决中指出，GATS第2条第1款所用的措辞表明，一项措施是否符合该项义务需考察三个因素：第一，涉案措施是否属于GATS第2条第1款的适用范围；第二，相关的服务或服务提供者是否为同类的服务或服务提供者（like services or service suppliers）；第三，服务或服务提供者是否被给予了不低于国内同类服务或服务提供者的待遇。[①]

2. GATS服务业国内规制（domestic regulation）纪律

（1）GATS第6条关于国内规制的基本纪律

服务贸易的显著特点之一在于服务业各部门差异较大，监管要求不同，因而主要通过大量的国内法律法规和部门规章进行管理。WTO将不属于服务贸易市场准入和国民待遇范畴的关于资质要求、资质程序、许可要求、许可程序和技术标准的法律法规和部门规章统称为“国内规制”。为了使各WTO成员的国内法律和规章不至于妨碍服务贸易自由化目标的实现，根据GATS第6条规定，各成员在其作出具体承诺的领域，应保证以合理、客观和公正的方式来实施各种有关服务贸易的一般适用的法律、法规及措施。WTO在判断某一成员是否遵守上述纪律时，应考虑该成员所适用的有关国际组织的国际标准。

从上述内容中可以看出，一方面，GATS赋予成员行使制定各种新法规以符合其国内政策目标的权力，事实上这种法规已经成为规范和管理服务贸易最为通行的有效手段。另一方面，GATS则要求成员承担相应的义务，以避免这种管制对正常的国际服务贸易构成不必要的贸易壁垒和障碍，尤其是有关申请许可和资格认定的程序方面。[②]

（2）关于服务业国内规制的继续谈判

GATS第6条第4款针对国内规制纪律继续进行谈判做了授权，这也是GATS内嵌（built-in）的谈判议程之一。为此，服务贸易理事会于1999年4月26日设立国内规制工作组（Working Group on Domestic Regulation，以下

① WTO, *Canada – Certain Measures Affecting the Automotive Industry*, WT/DS139/AB/R, WT/DS142/AB/R, Report of the Appellate Body, May 31, 2000, pp. 58–65.

② Matteo Fiorini & Bernard Hoekman, *Services Trade Policy, Domestic Regulation and Economic Governance*, May 8, 2017, https://ec.europa.eu/info/sites/default/files/dp058_en.pdf (last visited May 20, 2021).

简称 WGDR），主持制定普遍适用的多边准则或针对具体部门的规则，以保证成员有关资质要求和程序、许可要求和程序以及技术标准的各项措施等不构成不必要的服务贸易壁垒。

一方面，WTO 承认成员有制定国内规制并根据这些规制管理国内服务业的权利。但另一方面，过强的多边纪律又将损害成员对其服务业的监管权力。因此，国内规制谈判的目标是达成在规范成员国内规制和保证成员的监管权力之间取得平衡的纪律。由于服务业的复杂性和敏感性，有关国内规制的谈判进程缓慢。GATS 成员在 1998 年完成了“关于会计行业的国内规制纪律”。[①]之后，WTO 成员决定就适用于所有服务业的国内规制纪律进行谈判。2011 年 4 月，WGDR 主席就各成员讨论 2009 年 3 月案文（草案）情况向成员发布了工作进展报告。在此之后，因多哈回合反映出 WTO 整体谈判功能的式微，关于服务业国内规制的谈判也进入停滞期，直到 2017 年 12 月进入诸边谈判模式（见下文第三部分）。

3. 一般例外与安全例外

GATS 第 14 条和第 14 条之二规定了一般例外与安全例外（general exception and security exception）。根据 GATS 第 14 条，各成员为维护公共道德或公共秩序，为保护人类、动物或植物的生命或健康等可以采取偏离 GATS 义务的措施。GATS 第 14 条之二“安全例外”条款则允许成员对涉及军事、国家安全方面的服务贸易排除其义务。但近年来因美国对国家安全的泛化式援引，这方面也会产生诸多潜在冲突。

“美国博彩案”是第一个涉及服务贸易例外条款的案件。在该案中，美国试图援引 GATS 第 14 条“公共道德”例外以正当化其不符措施。根据该案中专家组和上诉机构的裁决，WTO 争端解决机构对服务贸易例外条款的解读借鉴了 GATT 第 20 条的法理，即援引例外措施同样需遵循“两步分析法”（two-tier analysis）：首先，被诉方的措施应当符合 GATS 第 14 条规定的例外情形之一，这包括严格的必要性测试（necessity test）步骤；[②]其次，被诉方实

① WTO, *Decision on Disciplines Relating to the Accountancy Sector*, adopted by the Council for Trade in Services on December 14, 1998, S/L/63, December 15, 1998.

② *See* Gisele Kapterian, *A Critique of the WTO Jurisprudence on 'Necessity'*, The International and Comparative Law Quarterly, Vol. 59, No. 1, pp. 89–127 (2010).

施其措施的方式方法应符合 GATS 第 14 条前言的要求。因此，如同 GATT 领域鲜有例外条款能够援引成功的先例，在“美国博彩案”中，上诉机构认定美国的措施虽然符合保护其公共道德的要求，但其实施的方式方法未能满足前言的条件，从而不能援引该项例外措施。

（四）WTO 成员的特定义务与纪律

GATS 第三部分（从第 16 条至第 18 条）规定了成员的具体义务，主要包括市场准入（Market Access）和国民待遇两方面，此外还有额外承诺。市场准入和国民待遇是服务业对外开放的基础和核心，决定着一国服务业是否对外开放和如何对外开放。

1. 市场准入

开放各国服务市场，是适应国际经济贸易发展的需要及服务贸易自由化的一大趋势。虽然市场准入是国际服务贸易领域的核心问题之一，但在 GATS 框架下，只有在作出特定承诺之后，成员才有开放市场的义务。GATS 第 16 条要求成员对服务贸易的市场准入承担具体义务，并从以下两方面进行规范：一是对于 GATS 第 1 条界定的四种提供方式的市场准入，一成员应根据自己所承诺的义务安排中所同意的条件，给予其他成员的服务或服务提供者以相同待遇。二是在作出市场准入义务的服务部门或分部门中，除非在具体承诺表中列明，否则一成员不应采取歧视性的限制措施，如数量配额限制、服务总额限制、雇佣人员数量限制、服务垄断、专营、对外国资本投资额比例限制以及资本出境限制等。由于服务贸易在范围上包括服务投资，而服务投资（尤其是以商业存在方式）必须附带资本移动。如一国不允许资本移动，则其所承诺开放的服务贸易就无实质意义。由于设立商业存在在本质上相当于投资行为，所以设立商业机构必然涉及资本移动；如成员不准设立商业机构所需的资本汇入该国，则其实际效果相当于否定了该种服务提供形式，GATS 不允许这种限制。这是 GATS 将贸易与投资联系起来的典型例证。[①]

“美国博彩案”（DS285）中的一个焦点问题即美国禁止安提瓜境内的服务提供者通过远程方式向美国消费者提供博彩服务是否违反其市场准入义务。在本案中，WTO 争端解决机构对 GATS 第 16 条实体问题的法律分析有几个

① *See e.g.*, Laura J. Loppacher & William A. Kerr, *The GATS Impact on Private Investors: Is It 'Much Ado about Nothing'?* Investment Management and Financial Innovations, Vol. 3, No. 4, pp.79–88 (2006).

步骤：第一，由于市场准入义务属于特定义务，因此，要对被诉方美国的具体承诺表进行审查，确定它对争议服务的市场准入是否做出了具体承诺。第二，如果美国做出了具体承诺，则需确定承诺表有没有列明限制。如无限制，则属于完全的市场准入。第三，如果美国进行了完全的市场准入承诺，则要考察其是否实施或维持限制该服务数量和类别的措施，如有，则违反了其承诺的市场准入义务。第四，如果美国违反了市场准入义务，是否可以援引相关例外条款，包括一般例外条款免责。

专家组和上诉机构运用《维也纳条约法公约》第 31 条和第 32 条所规定的条约解释方法，认定赌博服务属于第 10.D 分部门“其他娱乐服务”且不属于“体育服务”，从而认为美国具体承诺表中第 10.D 分部门中的“其他娱乐服务（除体育外）”包括对赌博服务的具体承诺。由于美国在其具体承诺表中对“其他娱乐服务”的跨境提供模式的市场准入，写明“没有限制”（none），所以专家组和上诉机构均认定，美国对赌博服务跨境提供的市场准入作出了完全承诺。在此基础上，专家组和上诉机构需审查美国是否违反了 GATS 第 16 条的市场准入义务。

在本案中，美国并没有颁布和实施相关法律、法规或行政命令，直接限制或禁止通过互联网向美国境内跨境提供赌博服务的外国赌博服务提供者的数量或服务的总量，而是通过《有线通讯法》、《旅游法》和《禁止非法赌博交易法》等联邦法律和相关州法，造成了限制或禁止外国赌博服务提供者通过互联网向美国境内提供赌博服务的效果。这是否属于 GATS 第 16 条第 2 款所列举的被禁止措施？在此问题上，上诉机构支持了专家组的结论，认为一项禁止提供已经就其作出具体承诺的服务的措施，属于第 16 条第 2 款意义上的数量配额限制，因其完全阻止了通过服务提供模式 1（跨境提供）所包括的一种、多种或全部提供方式的服务业务或产出，其结果导致允许博彩服务的数量限制为零。该案专家组和上诉机构创造性地引入了“零配额”概念，巧妙地将一项具有禁止性效果的措施和 GATS 第 16 条的数量配额之间联系起来。

2. 国民待遇

GATS 第 17 条规定的国民待遇原则要求，一成员给予外国服务与服务提供者的待遇，应与其给予本国服务与服务提供者的待遇相同，从而确保国内外服务与服务提供者能够处于平等的地位参与竞争，并且使成员所作的市场开放承诺不至于因国内歧视性的法律规章而遭到减损。国民待遇原则对服务贸易自由化的确保和促进有着重要作用，但在GATS框架下，它是成员承担的具体义务而非普遍性义务。根据GATS第17条的规定，在承担国民待遇义务的服务部门或分部门中，一成员在任何条件、资格以及影响服务提供的所有措施方面，给予其他成员的待遇应不低于其给予本国服务和服务提供者的待遇。这种待遇可以在形式上相同，也可以在形式上不同。但如果在形式上相同或不同的待遇改变了竞争条件，以致与任何其他成员的同类服务或服务提供者相比，有利于该成员的服务或服务提供者，则此类待遇应被视为对其他成员构成了歧视待遇。

例如，在“加拿大汽车案”中，有关当地增值要求这一措施，专家组首先审查了加拿大是否作出了具体承诺，对国民待遇做了哪些限制。经过审查，专家组认为，加拿大就国民待遇所作的限制，不包括当地增值要求。在对本地提供的服务没有这一要求时，也不能对外国提供者提供的服务实施这一要求。专家组因此裁定加拿大的当地增值要求违反了其所承担的国民待遇义务。GATS国民待遇条款的适用对象包括其他成员的同类服务以及服务提供者。但由于服务的复杂性、多样性和无形性，同类服务或服务提供者的确定，可能比同类商品的确定更难。[①] 同时，由于GATS将设立商业机构等服务投资形式纳入了服务贸易的范围，故国民待遇的适用范围也必须包括服务投资者在内。

3. 具体承诺表

根据GATS第20条，每一成员应制定其承担服务领域特定开放义务的具体承诺表，详细说明市场准入和国民待遇的范围、条件、限制及承诺生效日期等。这些内容与服务贸易方式、服务部门分类紧密联系在一起，构成了复杂的承诺表体系。各成员的具体承诺表附于GATS之后，作为其不可分割的组成部分。服务贸易具体承诺表的作用，与约束性关税的作用相类似，即承诺表直接决定着成员根据GATS所承担的具体义务。

与最惠国待遇义务的例外清单采取“否定式”（或称“负面清单”）方法相反，具体承诺采取了“肯定式清单”（或称“正面清单”）方法，即成员只对具体承诺的事项和范围承担义务。从内容看，具体承诺表以四种服务提供方式为

---

① *See e.g.*, Mireille Cossy, *Determining“ Likeness” Under the GATS*: *Squaring the Circle*? Staff Working Paper, ERSD-2006-08, September 2006, https: //www.wto.org/english/res_e/reser_e/ersd200608_e.pdf（last visited May 25, 2021）.

基本要素，由水平承诺和部门承诺两大部分组成，每一部分包括“部门或分部门”“市场准入限制”“国民待遇限制”“额外承诺”四个方面。从“市场准入限制”“国民待遇限制”的名称中可发现，成员的具体承诺是从限制角度来体现的，有三种表达方式：不作承诺（unbound）、列明具体限制和没有限制。[①]

在服务贸易争端解决中，对承诺表的解读是必不可少的重要环节，因其直接确定了被诉方成员的义务范围。按照《维也纳条约法公约》第31条包含的解释规则，对条约条款的解释应该先分析其条文，即“条约应依其用语按其上下文，并参照条约之宗旨和目的所具有的通常含义，善意地加以解释”。在对具体承诺表的解释中，强调条约解释应依据缔约国的“共同意图”。在“美国博彩案”（DS285）中，首先涉及的一个重要问题是对美国具体承诺表的解释，即美国是否对博彩服务作出了模式1（跨境提供）项下的承诺。根据上诉机构的分析，对于如何解读具体承诺表，应注意几个问题：第一，在确定具体承诺表中的条款和条目的“通常含义”时，可以援引和参照词典中对相关措辞的定义，但不应将其作为唯一的方法。第二，如果在具体承诺表中标明“仅以某种文字作准”，就不应运用其他文本来解释该承诺表的条文。第三，在解释具体承诺表时经常会援引的两个参考文件（具体承诺表指南和第W/120号文件）以及这些文件所关联的联合国核心产品分类（“CPC”）的法律地位是“补充手段”，而非“上下文”。

二、涉华WTO服务贸易案例评析

在目前共30个WTO服务贸易案件中，有6起是WTO成员针对我国提起，涉及4起争议，分别为美国提起的“集成电路增值税案”（2004年，DS309）、“出版物和视听产品案”（2007年，DS363）和“电子支付服务案”（2010年，DS413）以及美国、欧盟和加拿大分别提起的“金融信息提供案”（2008年，DS372，DS373，DS378）。我国与美国在“集成电路增值税案”和“金融信息提供案”中达成和解，这两个案件未进入专家组程序。“电子支付服务案”通过专家组程序解决，“出版物和视听产品案”经历了专家组和上诉两个程序。

---

① 关于GATS承诺表的分析和解读，参见WTO Secretariat，*The Services Schedules*：*Specific Commitments under the GATS*，*in* A Handbook on Reading WTO Goods and Services Schedules，Cambridge University Press，2009，pp. 33–44。

（一）中国出版物和视听服务案（WT/DS363）

2010 年 1 月 19 日，WTO 争端解决机构通过“中国影响出版物的贸易权和分销服务措施案”（以下简称“出版物案”或“本案”）的上诉机构报告和经修订的专家组报告，认为限制外国出版物和视听娱乐产品进入中国市场违反 GATS 规定和中国有关贸易权开放的入世承诺，且未能成功援引 GATT 第 20 条（a）项“公共道德”例外。

1. 案情简介

2007 年 4 月 10 日，美国要求与中国就其对提供影院放映的电影、家用视听产品、录音制品、图书的进口采取贸易权限制的特定措施和对外国供应商提供图书分销服务和家用视听产品视听服务采取歧视的特定措施进行磋商。双方未能通过磋商解决争端，美国于 2007 年 10 月 10 日要求成立专家组。专家组于 2009 年 8 月 12 日发布报告，总体上认为中国涉案措施违反了《中国加入议定书》和《中国加入工作组报告书》中的贸易权承诺和中国的 GATS 服务承诺表中关于视听服务的市场准入承诺。之后双方均提出上诉。2009 年 12 月 21 日，上诉机构作出报告。[①] 本案既涉及货物贸易问题，也涉及服务贸易问题。本部分就录音制品分销服务相关的问题进行分析和评论。

2. 核心争议：录音制品分销服务是否包括通过电子形式进行的分销？

在本案中，我国的涉案措施，包括《关于实施〈互联网文化管理暂行规定〉有关问题的通知》《关于网络音乐发展和管理的若干意见》等规定禁止外商投资企业从事网络音乐产品的分销等经营活动。因此，本案争议焦点之一在于“禁止外商投资企业从事录音制品的电子分销”是否违反中国在 GATS 第 17 条的国民待遇承诺。换言之，中国的服务承诺表中“录音制品分销服务（sound recording distribution services）”是否包括电子形态的分销？

在中国的服务承诺表中，“录音制品分销服务”包含在第 2.D“视听服务”中，该部门除了“录音制品分销服务”外，还包括“录像分销服务（包括娱乐软件分销）及电影院服务”。专家组报告认为，第 2.D“视听服务”中的“录音制品分销服务”将录音制品的分销扩展到非物质形态，包括通过电子方式进行的分销。中国的涉案措施禁止外商投资企业从事录音制品的电子分销业务，

---

① WTO, *China – Measures Affecting Trading Rights and Distribution Services for Certain Publications and Audiovisual Entertainment Products*, Report of Appellate Body, WT/DS363/AB/R, December 21, 2009.

但并未禁止国内服务提供者从事这些业务，因而违反了国民待遇义务。中国在上诉中主张专家组将“录音制品分销服务”解释为包含通过电子手段的分销是错误的。上诉机构通过《维也纳条约法公约》第 31 条和第 32 条关于条约解释的规定对该问题进行分析后，支持了专家组的观点。

中国在上诉中提出，2001 年中国加入 WTO 时通过电子形式进行录音制品的网络分销在中国尚未成为一种行业，因此对录音制品的分销服务的解释应考虑当时中国作出相关承诺的背景。上诉机构则认为对成员承诺表的解释应采取演进性（evolutionary）的解释方法，即按照争端解决时的用语含义来解释，而非条约缔结时的含义，否则将阻碍 GATS 具体承诺的可预测性、稳定性及明确性。虽然在中国加入WTO 时国际社会与中国国内层面的电子分销监管框架制度尚未建立，但这并不妨碍中国就电子分销服务作出承诺。因此，关于“录音制品分销服务”的含义和范围，上诉机构支持了专家组裁定，即“录音制品分销服务”包含在中国服务承诺表第 2.D 中，并使其延伸至以非实体形式，特别是以电子形式提供的录音制品分销服务。中国禁止外商投资主体以电子形式从事录音制品分销服务的措施，与 GATS 第 17 条的国民待遇义务不符。

3. 相关评论

“出版物案”对中国服务承诺表的解释既关系到服务业的开放，也对 WTO 各成员服务贸易承诺的履行有重要影响，同时深刻影响技术变革背景下 GATS 义务的履行。[①] 在本案中，根据《维也纳条约法公约》第 31 条规定，上诉机构先后从通常含义、上下文、条约目的与宗旨几个方面对中国承诺表的相关规定进行了解释，认为“制品”与“分销”两个术语属于类型词，其含义的解释随着时间的推移会有所不同，这种解释被称为“当代意义解释法”。若通常含义只是术语在服务承诺表制定时的含义，相似或相同措辞的承诺将视承诺表通过日或成员加入 WTO 之日而被赋予不同的含义、内容与适用范围，这将削弱通过多轮谈判所作的承诺表的可预测性、安全性与清晰性。

有学者对上诉机构在本案中采纳“当代意义解释”的合理性提出质疑，认为当代意义解释可能具有不可预见性、当代意义解释可能违反 GATS 序言

① Tania Voon, *China – Measures Affecting Trading Rights and Distribution Services for Certain Publications and Audiovisual Entertainment Products*, American Journal of International Law, Vol. 103, No. 4, pp. 710–716 (2009).

的相关规定、当代意义解释法可能影响 WTO 成员与承诺有关的行动以及当代意义解释缺乏充分依据等。[①] 但上诉机构的这种解释保持了与"美国博彩案"中争端解决机构对美国承诺表解释的一致，也体现了服务提供上的技术中立等主张。此外，依当代意义解释，术语以新技术下的含义为准。一旦承诺表列明服务开放的部门，该条目的适用范围就将随时间变迁而扩大。即使出现无法预计的未来新技术，承诺也将被自动认定为涵盖通过新技术提供的服务。因此，GATS 即使采取了正面清单的承诺模式，但当代意义解释法有可能针对所承诺的服务达到负面清单承诺的效果。当新技术出现时，WTO 成员可能丧失服务贸易监管调整所需的时间，无法对国内监管措施进行必要的改进，这需要予以特别关注。

（二）中国电子支付服务案（WT/DS413）

2012 年 7 月 16 日，WTO 争端解决专家组就美国诉中国电子支付 WTO 争端案（WT/DS413）发布专家组报告，裁定我国在 GATS 项下就"电子支付服务"作出了承诺；我国要求由"银联"办理港澳人民币清算业务构成市场准入限制，违反了市场准入义务；我国在银行卡发卡、终端、收单等方面给予"银联"更优惠的地位，违反了国民待遇义务。但专家组同时驳回美国关于涉案措施使"银联"成为唯一服务提供者的指控，认定我国并没有禁止外国服务提供者进入中国市场；驳回美国关于外国服务提供者可以通过"跨境交付"方式在我国提供电子支付服务的主张，裁定外国服务提供者在我国境内设立"商业存在"须满足我国 GATS 具体承诺表的设立要求。[②] 中美双方对专家组报告均未提出上诉。该裁决对于我国金融业开放，特别是电子支付服务的市场监管产生了一定影响。

1. 案情概要

自 20 世纪 80 年代起，包括银行卡业务在内的我国金融业迅速发展。2002 年 3 月，经国务院同意，中国人民银行批准，在上海成立中国银联（China

---

① 参见马光：《文化与贸易的较量：评析中美出版物市场准入案》，载《庆熙法学》（韩国）2011 年卷，第 257–274 页；刘小梅：《当代意义解释法之合理性质疑》，载中国法院网，https：//www.chinacourt.org/article/detail/2013/03/id/905697.shtml，最后访问时间：2021 年 7 月 1 日。

② WTO，*China – Certain Measures Affecting Electronic Payment Services*，Report of the Panel，WT/DS413/R，July 16，2012.

Union Pay Co.，Ltd.）。我国先后颁布了《银行卡业务管理办法》等系列规章和规范性文件，以规范银行卡支付市场。维萨（VISA）、万事达（Mastercard）和运通（AMEX）等美国发卡机构虽已进入我国市场多年，但只能通过和中国银联共同发行印有“银联”标记的双标卡提供支付服务，且须通过银联通道进行结算。2010 年 9 月 15 日，美国就我国采取的银行卡管理及相关措施正式诉诸 WTO 争端解决机制，指控涉案措施妨碍了外国电子支付服务提供者进入中国市场与银联平等竞争，具体包括：

（1）“发卡方要求”，即中国要求商业银行在中国发行的用于国内跨行人民币交易的所有人民币银行卡在卡片正面必须标注银联（Yin Lian）/UnionPay（银联）标识，并要求在中国发行的银行卡符合统一业务规范和技术标准；（2）“终端机具要求”，即中国要求中国大陆的银行卡终端（包括 ATM、商家处理设备和 POS 机终端）必须能够受理标注银联（Yin Lian）/UnionPay（银联）标识的银行卡；（3）“收单方要求”，即中国强制要求银行卡的收单方（收卡商户等）需张贴银联（Yin Lian）/UnionPay（银联）标识；（4）“香港 / 澳门要求”，即中国政府规定只能由中国银联处理“在中国发行的而在香港或澳门使用的人民币银行卡”和“在香港或澳门发行并在中国人民币交易中使用的银行卡”涉及的特定人民币银行卡交易的清算服务；（5）“唯一提供商要求”和“异地 / 跨行禁令”，即中国强制要求将中国银联用作或设立为所有人民币银行卡交易的唯一的电子支付服务提供商。

2. 专家组程序和裁决

2011 年 2 月，美国要求 WTO 设立专家组。美国在“设立专家组请求”中一共提出 24 项请求，专家组裁决支持了美国 11 项诉请。专家组裁决的主要结论包括：（1）在涉案服务的分类上支持美方主张，认为电子支付服务属于中国加入 WTO《服务贸易具体承诺表》第 7.B 部分第二节之（d）项。（2）驳回美方关于中国银联是中国电子支付服务的“唯一提供者”和中国禁止跨区域和跨银行之间的非银联卡交易的主张，也驳回了美方在此基础上提出的市场准入和国民待遇指控。（3）在电子支付服务的市场准入方面，专家组裁定中国仅在模式 3（商业存在）下作出承诺，驳回美方基于模式 1（跨境交付）提出的指控；在模式 3 下，美方提出的“发卡方要求”、“终端机具要求”和“收单方要求”并不构成对市场准入的数量限制，驳回美方主张；但专家组认为，有关“香港 / 澳门要求”构成了市场准入限制，违反了 GATS 第 16.2 条（a）项之规定。（4）

在国民待遇方面，“发卡方要求”、“终端机具要求”和“收单方要求”属于中方在GATS第17条的承诺范围，中国涉案措施违反国民待遇义务。

3. 本案争议的核心问题

（1）“电子支付服务”的界定

本案的首要问题是，VISA或银联等在GATS框架下提供的是何种“服务”？美国将其概括为“电子支付服务”，并主张该服务应属于中国服务承诺表中的第7类（金融服务）B部分“银行及其他金融服务（不包括保险和证券）”下的子部门（d）项下的一类服务。该项内容为“所有支付和汇划服务，包括信用卡、赊账卡和贷记卡、旅行支票和银行汇票（包括进出口结算）”，而中国就子部门（d）项作出了市场准入和国民待遇承诺。中国则认为本案涉及“清算和结算服务”，应包含在GATS《关于金融服务的附件》第5条（a）款第（xiv）项范围内，具体包括“金融资产的结算和清算服务，包括证券、衍生品和其他可转让票据”，中国并未在该项下进行承诺。专家组从承诺表（d）项入手，从通常含义、上下文、目的和宗旨等角度对该项内容进行了阐释，认为中国服务承诺表中的子部门（d）项包括涉案服务。

（2）市场准入问题

美国主张，中国在承诺表中就电子支付服务在模式1（跨境交付）和模式3（商业存在）下均作出了承诺，因此关于电子支付服务的涉案措施建立了一个垄断性的市场架构，使得银联成为中国所有人民币银行卡交易的排他性提供者，因此违反了GATS第16.1条和第16.2条（a）项下的义务。中国认为，美方未能证明中国在（d）项服务的模式1和模式3下作出了市场准入承诺，也未能证明其所指控的措施导致通过垄断或排他方式对服务提供者的数量进行了限制。

专家组认为，就模式1而言，WTO成员在拟定服务贸易承诺表时，经常使用“除下列内容外，不作承诺”（unbound except for）的“除外”措辞。本案特别之处在于，“除外”下两种服务在文本表达上和中国已经具体承诺的子部门（k）项和（l）项完全一样。因此，这里的“除外”规定，实际上表明中国在子部门（k）项和（l）项作出了全面承诺，而在（a）项至（f）项下没有作出承诺。为此，专家组得出结论，就第7. B服务下的子部门（a）项至（f）项服务而言［当然也包括本案涉及的（d）项服务］，中国在模式1下的市场准入方面未作出承诺。但就模式3而言，专家组在考察了中国服务承诺表的上下文、相关字典解释和行业资料后认为，“外国金融机构”包括提供承诺表第7. B部分（a）项至（f）项服务的任何组织、公司或者实体，因此中国在（d）项服务市场准入方面作出了承诺。

在涉案措施是否违反市场准入义务的问题上，专家组认为中国在承诺表第7. B部分（d）项模式1并未作出承诺，因此不存在违反第16条的问题。对于中国是否违反了模式3下的市场准入承诺问题，专家组考察了第16.2条（a）项规定的具体范围和内涵，审查了“发卡方要求”、“终端机具要求”和“收单方要求”与第16.2条（a）项规定的一致性，认为这三项关于提供电子支付服务的限制并不具有数量限制的性质，因此未违反第16.2条（a）项。但“香港/澳门要求”以数量限制方式限制了其他外国电子支付服务提供者的进入，违反了第16.2条（a）项规定。

（3）国民待遇问题

根据已有GATS判例，要证明违反GATS第17条的国民待遇义务，须证明三个方面的要素：第一，在相关服务部门和服务提供方式方面，被诉方作出了国民待遇承诺；第二，被诉方采取了“影响服务提供的措施”；第三，这些措施对其他成员的服务或服务提供者所给予的待遇，较为不利于给予其本国同类服务和服务提供者的待遇。本案的专家组经过详细分析，认为在相关服务部门和服务提供方式方面，中国作出了国民待遇承诺，且采取的措施为“影响服务提供的措施”。之后，专家组重点分析了在“发卡方要求”、“终端机具要求”和“收单方要求”这三类措施方面，中国是否对外国同类服务提供者给予了较为不利的待遇。专家组得出的结论认为中国违反了GATS第17条的国民待遇义务。

4. 本案评析

本案中，美方挑战的是银联在中国银行卡市场的“垄断地位”。首先，美方将涉案服务称作一个独立的、整体的“电子支付服务”，而非多种服务的简单叠加；其次，美国同时挑战“市场准入”和“国民待遇”两大核心义务。从专家组裁定看，美方的部分诉讼主张得到支持，包括GATS项下“电子支付服务”的归类，“香港/澳门要求”违反市场准入义务，“发卡方要求”、“终端机具要求”和“收单方要求”违反国民待遇义务等。中方需修改有关规章和政策文件。

针对美方指控，中方关注到更深层次的市场准入条件问题，即中国并未在市场准入方面设置实体条件或障碍。专家组意识到仅依据中国银联是中国境内唯一的银行卡服务提供者的现实，并不能证明中国存在电子支付服务的市场准入壁垒。从实际效果上看，美国在核心的市场准入主张上并未得到专家组支持。如果VISA要进入中国，则须以商业存在（模式3）方式满足中国服务贸易承诺表的有关设立要求；中国有权对跨境交付（模式1）方式的电子支付服务进行限制。

GATS中的市场准入和国民待遇承诺的关系一直存在争议。在本案中，中国在承诺表国民待遇下作出了"没有限制"的承诺，但在市场准入栏目列明"不作承诺"。为解决二者之间的冲突，专家组援引GATS第20.2条规定，认为WTO成员在市场准入栏下列入的条件或资格自动构成国民待遇下的条件或者资格。这是WTO专家组首次对GATS市场准入承诺和国民待遇承诺之间的法律关系作出解读，值得关注。

本案裁决表明解释WTO成员服务承诺表的复杂性。[①] 鉴于金融领域的信息技术快速发展，通过模式1（跨境交付）提供各类金融服务逐渐成为常态。从此意义上看，本案裁决赋予我国政府监管跨境交付的金融服务以足够的权限和政策空间。尽管如此，我国近年来也在不断加大金融业对内对外开放力度，放宽外资准入限制。在"中国电子支付服务案"裁决之后，我国已就相关规章和规范性文件进行了修改，取消了统一加贴"银联"标志的要求。顺应改革开放的发展方向，我国在保证金融安全的前提下加大金融市场改革力度并加快开放进程，万事达卡获批进入银行卡清算市场。自北京新一轮服务业扩大开放综合试点以来，金融领域进一步开放，北京已成为外资金融机构进入中国的首选地，即使是2020年新冠肺炎疫情期间，外资金融机构进入我国服务市场的步伐也未放缓。国家批复的北京"两区"建设方案中，金融政策便占了1/4。为提升资金进出便利化水平，北京还将探索开展跨国公司本外币合一资金池试点，便利跨国公司全球资金安排；开展本外币合一银行账户体系试点工作，实现人民币银行结算账户和外汇账户的整合等。从长远看，这些举措有利于我国支付服务和金融服务的质量和竞争力提高，更将有利于消费者和金融体系的稳定。

---

① *See* Bernard Hoekman & Niall Meagher, *China – Electronic Payment Services: Discrimination, Economic Development and the GATS*, World Trade Review, Vol. 13, No. 2, pp. 409–442 (2014).

三、晚近国际经贸协定中的服务贸易规则及我国的谈判应对

近年来服务贸易规则和市场进一步的开放主要体现于众多的区域贸易协定中。除 GATS 之外，我国目前就服务贸易自由化还签订了近 20 个 FTAs。本部分首先关注 WTO 框架下的服务贸易规则谈判，其次讨论两个大型经贸协定中的服务贸易规则，即《区域全面经济伙伴关系协定》（Regional Comprehensive Economic Partnership Agreement，以下简称 RCEP）和《全面和进步的跨太平洋伙伴关系协定》（Comprehensive and Progressive Trans-Pacific Partnership Agreement，以下简称 CPTPP）。

（一）WTO 多边谈判及电子商务诸边谈判

2001 年 12 月 11 日正式加入世界贸易组织时，我国提交的《加入议定书》附件九为“服务贸易具体承诺表”，承诺了相对于当时我国服务业发展而言的高水平市场开放义务，被认为代表了当时最激进的服务业改革计划。[①] WTO 成立后的第一轮谈判“多哈发展回合”（DDA）于 2001 年 11 月启动。但多哈发展回合谈判因多种因素至今未能完成，体现出 WTO 多边谈判功能的严重衰退。服务贸易谈判同样未能取得实质性成果。在 2017 年 12 月举行的第 12 届部长会议上，一些成员开始探索新的谈判方式，通过发布联合声明倡议（Joint Statement Initiative，以下简称 JSI）方式启动投资便利化、电子商务、服务业国内规制等诸边谈判。本部分讨论服务业国内规制和电子商务的 JSI 谈判。

1. 服务业国内规制谈判

如前文所述，服务业国内规制谈判本身始于 WTO 成立早期，但缺乏实质性进程，尤其在 2012 年至 2015 年间进展缓慢。2016 年一些成员陆续提交了议案，希望在 2017 年第 11 届部长会议前有实质性进展，但未能如愿，其主要原因在于谈判者担心过多的国内规制纪律承诺将侵蚀成员，特别是发展中国家成员对服务业的监管权和政策空间。[②]

---

① *See* Aaditya Mattoo，*China's Accession to the WTO*：*The Service Dimension*，Journal of International Economic Law，Vol. 6，No. 2，pp. 299-339（2003）.

② *See e.g.*，South Center，*Domestic Regulation in Services*（*Article VI*：*4*）：*Analyzing the Proposals and Implications for Africa and Developing Countries*，June 9，2017，https：//www.southcentre.int/wp-content/uploads/2017/09/Ev_170925_SC-Workshop-on-E-Commerce-and-Domestic-Regulation_Presentation-Informal-Note-on-Domestic-Regulation-9-June-2017-Aileen-Kwa_EN.pdf（May 8，2021）.

在各成员努力寻求恢复和重振 WTO 谈判功能的各项选择中，JSI 诸边谈判方式成为尝试途径。2017 年 12 月，包括我国在内的 59 个 WTO 成员在第 11 届部长会议上发起了第一份关于服务业国内规制谈判的联合声明倡议（JSI），确认服务贸易良好监管实践的重要性，并决定就相关纪律加快谈判。[①] 服务业国内规制的 JSI 谈判以开放式程序进行，有兴趣的 WTO 成员均可参加。2019 年 5 月，60 个谈判方通过第二份联合部长声明，盘点取得的进展，并设定在 WTO 第 12 届部长会议前产出成果的谈判目标。[②] 2021 年 3 月，63 个谈判方就 2020 年 12 月 18 日谈判文本和一些区域贸易协定（如 RCEP）中的服务业国内规制纪律进行讨论，并努力在因新冠肺炎疫情延至 2021 年 11 月举行的第 12 届部长会议前结束谈判。目前我国在积极参与国内规制的 JSI 谈判。

2. 电子商务 / 数字贸易 JSI 谈判

WTO 现行规则主要形成于 20 世纪 80 年代末和 90 年代初，当时电子商务的发展还处于早期阶段。涉及电子商务的重要协定为 GATS，其界定的四种服务提供模式与电子商务均有关系，其中尤以模式 1（跨境提供）居多。已有的 WTO 案件裁决表明，GATS 并不区分服务递送的技术手段。成员如未进行明确排除，则其所作的具体承诺延伸至通过电子方式提供的服务，典型体现于“美国博彩案”和“中国出版物和视听产品案”的裁决。[③] 因此，通过电子商务和数字方式进行的贸易受 WTO 规则约束。但由于谈判时技术发展的阶段限制，WTO 现行框架在电子商务规制上存在明显滞后情形，在产品分类、市

① WTO, *Joint Ministerial Statement on Services Domestic Regulation*, WT/MIN（17）/61, December 13, 2017.

② WTO, *Joint Ministerial Statement on Services Domestic Regulation*, May 23, 2019.

③ “美国博彩案”的裁决表明模式 1 涵盖所有方式的服务递送，包括通过互联网提供的服务。美国禁止安提瓜境内的服务提供者通过网络向美国消费者提供博彩服务，则构成对其所承诺义务的违反。WTO, *United States – Measures Affecting the Cross-Border Supply of Gambling and Betting Services*, Panel Report, WT/DS285/R, 10 November 2004. 同样，“中国出版物和视听产品案”裁决表明我国所作的服务业承诺延伸至通过非物理方式递送的服务，录音制品销售包括音乐的在线分销。WTO, *China – Measures Affecting Trading Rights and Distribution of Audiovisual Entertainment Products*, Panel Report, WT/DS363/R, 12 August 2009.

场准入、数据流动及贸易便利化等诸多方面存在不足。[①] 这种现状不能适应数字经济的发展需求，亟须通过成员谈判形成新的规则。

电子商务在 WTO 框架下并非新议题。1998 年 WTO 第 2 次部长会议即通过“全球电子商务宣言”，对电子传输延征关税，或称电子传输免关税。[②] 1998 年 9 月，WTO 总理事会通过“电子商务工作计划”，进一步列出成员在不同理事会需要讨论的问题。[③] 但由于 WTO 自成立以来的首轮多边谈判“多哈发展回合”整体进展缓慢，关于电子商务议题的多边讨论亦未产出实际成果。与多边讨论缺乏进展相比，近年来各成员在区域贸易协定（RTAs）中开始重视并强化电子商务 / 数字贸易的规则制定。除不少 RTAs 包含“电子商务”专门章节外，[④] 2018 年达成作为《北美自由贸易协定》（NAFTA）升级版的《美国—墨西哥—加拿大协定》（U.S.–Mexico–Canada Agreement）首次设置“数字贸易”专章。

2017 年 12 月，71 个成员在 WTO 第 11 次部长会议上发布《关于电子商务的联合声明》，启动 WTO 框架下“与贸易相关的电子商务议题”的谈判探索工作。[⑤] 2019 年 1 月 25 日，包括中美欧等成员在内，代表世界贸易 90% 份额的 76 个 WTO 成员签署《关于电子商务的联合声明》，启动 WTO 电子商务诸边谈判。[⑥] 自 2019 年 3 月谈判正式启动以来，WTO 成员已提交了 60 多

---

① 例如，随着网络技术发展，产品和基于数据分析的附加服务的边界日趋模糊，将其定性为货物还是服务存在争议，从而影响所适用的义务约束。在市场准入方面，GATS 正面清单方式使市场开放相对有限，基于互联网、云计算、大数据、人工智能等技术衍生的新服务也无法按照正面清单模式归类和适用。关于这些问题的更多讨论，*see e.g.*, ICTSD, *Updating the Multilateral Rule Book on E-Commerce*, Policy Brief, March 2018; Michael Kende & Nivedita Sen, *Cross-Border E-Commerce: WTO Discussions and Stakeholder Roles – Stocktaking and Practical Ways Forward*, CTEI Working Papers, January 2019。

② WTO, *Declaration on Global Electronic Commerce*, WT/MIN（98）/DEC/2, May 25, 1998.

③ WTO, *Work Program on Electronic Commerce*, WT/L/274, 30 September 1998.

④ 目前在通报 WTO 的 300 多个 RTAs 中，已有近 90 个包含电子商务专章或条款。*See* WTO: RTAs Database, http://rtais.wto.org/UI/PublicMaintainRTAHome.aspx（last visited 12 December 2019）; Mark Wu, *Digital Trade-Related Provisions in Regional Trade Agreements: Existing Models and Lessons for the Multilateral Trade System*, RTA Exchange, www.rtaexchange.org, 2017.

⑤ WTO, *Joint Statement on Electronic Commerce*, WT/MIN（17）/60, 13 December 2017. 我国未签署该声明。

⑥ WTO, *Joint Statement on Electronic Statement*, WT/L/1056, 25 January 2019.

份文件，内容涉及电子商务的传统问题和数字贸易新规则，其中不少成员提出了具体条文建议。[①]

截至2021年6月30日，参与电子商务JSI谈判的WTO成员达到86个。这些成员基于2020年12月的合并文本（consolidated text）加紧谈判，目标为在第12次部长会议召开前取得重要成果。JSI诸边谈判区别于所有成员协商一致的多边谈判传统，由具有共同意愿的部分成员先行谈判达成某一领域协定，并通过逐步对其他成员开放形成新规则。但这类谈判可能会造成WTO制度碎片化和对整体谈判功能丧失的担心。[②] JSI谈判的成果在WTO法律框架下的地位在成员间也存在争议，尤其是来自印度和南非关于JSI谈判在WTO框架下的法律地位的质疑。[③] 有学者主张探索开放式诸边谈判模式，可在电子商务等领域先行先试，以形成WTO框架下的多边与诸边共存，并通过临界数量的开放式诸边模式推动WTO回归多边模式。[④] 但无论如何，在WTO多边谈判长期缺乏进展的状态下，JSI诸边谈判如果能够成功，则表明在基于所有成员协商一致的传统多边谈判方法停滞多年后，WTO成员能够利用这种方法进行新规则的制定，这对于恢复WTO的谈判功能是重要尝试。2021年5月28日G7贸易部长发布的声明中对JSI谈判模式给予积极评价。[⑤]

---

① 成员提案情况在WTO网站上可查询（https://docs.wto.org/dol2fe/Pages/FE_Search/FE_S_S005.aspx），目前约有1/3提案内容未公开，包括美国、日本、韩国及我国的第二份提案等。新西兰和加拿大认为，WTO电子商务诸边谈判应加强透明度。WTO, *Joint Statement on Electronic Commerce – Communication from New Zealand and Canada: Non-Paper - Transparency in WTO Negotiation and Application to the JSI E-Commerce Negotiation*, INF/ECOM/42/Rev.1, 18 November 2019. 笔者关于未公开提案的分析基于其他网络来源或评论并尽量保证其内容的客观性。

② *See* Robert Basedow, *The WTO and Rise of Plurilateralism – What Lesson can We Learn from the European Union's Experiences with Differentiated Integration*, Journal of International Economic Law, Vol. 21, No.2, pp. 411–431, June 2018.

③ WTO General Council, *The Legal Status of 'Joint Statement Initiative' and Their Negotiated Outcomes*, WT/GC/W/819, February 19, 2021.

④ 参见龚柏华：《论WTO规则现代化改革中的诸边模式》，载《上海对外经贸大学学报》2019年第2期。

⑤ G7 Trade Ministers' Communique, https://www.g7uk.org/g7-trade-ministers-communique/ (last visited May 29, 2021).

（二）RCEP 服务贸易规则

我国与东盟 10 国和日本、韩国、澳大利亚、新西兰于 2020 年 11 月 15 日签署 RCEP，构建了目前世界上最大的自由贸易区。RCEP 不仅规模大、涉及人口最多，在内容上也是一份全面、现代、高质量和互利互惠的贸易协定。

1. RCEP 协定及其服务贸易规则概况

RCEP 现有 15 个缔约国的总人口、经济体量、贸易总额均占全球总量约 30%，意味着全球约 1/3 的经济体量形成一体化大市场。RCEP 成员有发达国家，也有发展中国家，更有一些不发达国家，成员间经济体制、发展水平、规模体量等差异巨大。RCEP 协定最大限度兼顾了各方诉求，在货物、服务和投资等市场准入和规则领域实现了利益平衡。[①]

RCEP 服务贸易规则主要在第 8 章（跨境服务贸易），共 25 条，包括最惠国待遇、市场准入承诺表、国民待遇、当地存在、国内规制等。RCEP 继承了 GATS 对服务贸易模式的四分法，包括跨境提供、境外消费、商业存在和自然人移动。GATS 的市场准入和国民待遇义务采取正面清单承诺方式，RCEP 则同时采取正面清单和负面清单承诺方式，但采取正面清单的成员方需在 6 年内转化为负面清单模式。除正文外，RCEP 第 8 章还包括金融服务、电信服务、专业服务三项附件。

2. 我国在 RCEP 项下的服务承诺及相关应对策略

在 RCEP 项下，日本、韩国、澳大利亚、新加坡、文莱、马来西亚、印度尼西亚 7 个成员采用负面清单方式承诺，我国等其余 8 个成员对国民待遇、市场准入、附加承诺、实施承诺的时限等，采用正面清单模式作出承诺。

在此基础上，我国 RCEP 承诺表与 GATS 承诺表在形式上具有一致性，并对具体部门的服务提供方式进行了细化承诺，达到了我国目前所签自贸协定的最高水平，承诺服务部门数量在我入世承诺约 100 个部门的基础上，新增了 22 个部门，并提高了金融、法律、建筑、海运等部门的承诺水平。[②] 因此，RCEP 在给我国服务业发展和市场开放带来机遇的同时，也对提升我国自身的服务贸易水平提出了新的要求。为此，应进一步改善我国的营商环境，提升

---

① 孟夏、李俊：《RCEP 框架下的服务贸易自由化》，载《南开学报（哲学社会科学版）》2019 年第 1 期。

② 《商务部国际司负责同志解读〈区域全面经济伙伴关系协定〉（RCEP）之二》，载商务部网站，http：//www.mofcom.gov.cn/article/i/jyjl/l/202011/20201103017727.shtml，最后访问时间：2021 年 5 月 20 日。

服务业整体水平，完善知识产权、金融等重点领域的法律法规，在整体上促进产业结构优化，提升处于劣势地位的服务业部门的实力，为将 RCEP 正面清单转为负面清单提供坚实的基础和条件。[①]

（三）CPTPP 服务贸易规则

服务贸易自由化及相关规则被认为是 CPTPP 协定的主要成就之一。在协定 30 章内容中，有超过 1/3 的章节均与服务贸易相关。缔约方在服务贸易领域的关键义务分散于协定的若干章节，其中最重要的包括第 9 章“投资”、第 10 章“跨境服务贸易”、第 11 章“金融服务”、第 12 章“商业人员的临时进入”和第 13 章“电信服务”。同时，CPTPP 协定包含的一些新规则，如国有企业、政府采购及竞争政策等，也有助于提高缔约方在服务贸易领域的市场准入水平。本部分重点分析第 10 章“跨境服务贸易”和第 13 章“电信服务”的主要规则，指出我国加入 CPTPP 协定谈判时需要重点关注的纪律和义务，并提出相关法律的调整或修改建议。

1. 跨境服务贸易（cross-border trade in services）

跨境服务贸易尤其是跨境提供模式是中小微企业参与全球价值链分工的主要途径，也是跨国企业对通过设立商业存在提供服务的重要补充。CPTPP 第 10 章规定了跨境服务贸易，是服务贸易的最重要章节之一。该章规定的跨境服务贸易涵盖 GATS 四种服务提供模式中的三种，即模式 1（跨境提供）、模式 2（境外消费）和模式 4（自然人流动），但不包括模式 3（商业存在，由协定第 9 章“投资”规定和调整）。

（1）第 10 章内容概要

第 10 章包括正文第 13 条和 10-A（专业服务）、10-B（快递服务）、10-C（不符措施约束机制，仅适用于越南）三个附件。本章规定的缔约方核心义务包括：非歧视待遇（含第 10.3 条国民待遇和第 10.4 条最惠国待遇）、市场准入（第 10.5 条）和禁止当地存在要求（local presence，第 10.6 条）。相较于 GATS 而言，禁止要求当地存在是一项新的义务。在现代信息通信技术和电子商务、数字贸易迅速发展的环境下，“禁止当地存在要求”对于确保跨境服务贸易自由化起着重要作用。CPTPP 缔约方在负面清单基础上接受上述四类核心义务，意

---

① 《李克强详解加入 RCEP 对我国的机遇和挑战》，载中国政府网，http://www.gov.cn/guowuyuan/2021-02/04/content_5584920.htm，最后访问时间：2021 年 5 月 20 日。

味着缔约方服务市场原则上向其他缔约方的服务和服务提供者开放，除非通过协定附件的不符措施列表（也称负面清单）方式予以排除。

在国内规制方面，CPTPP 协定总体遵循了 GATS 国内规制的基本框架并调整深化，主要反映在监管透明度提升和行政程序优化等方面。首先，CPTPP 细分并强化了程序和透明度义务的要求，但针对 GATS 建立审查影响服务贸易措施的司法、仲裁或行政机制，CPTPP 未再做类似要求。其次，CPTPP 继承了 GATS 对服务贸易国内规制的界定，但在监管标准上未再采纳 GATS 国内规制的“必要性”要求。第 10.8 条要求缔约方应“努力确保”其规制措施基于客观透明的标准，但未包括“措施应为达到合法目标所必需”这一要求。这符合近年来区域贸易协定（RTAs）关于服务规制的基本趋势。

在透明度方面，CPTPP 要求缔约方确保跨境服务贸易的规制透明化，并且要求成员在通过或采纳相关法规前，应提供事先通知及反映意见的机会。另外，在法规公布和生效之日间应有合理期间，从而使企业有机会调整和准备。另外，CPTPP 试图使其他缔约方服务提供者申请授权（许可）的程序更为透明和简化，要求缔约方在可行范围内对此类申请程序建立指示性的框架，通知申请人其申请状态进展，如果拒绝申请则应说明原因或理由。

（2）我国加入 CPTPP 谈判中跨境服务贸易章节的关注问题和建议

CPTPP 确立的服务贸易规则旨在促进更多服务行业开放，减少服务贸易领域的限制措施。CPTPP 缔约方通过承诺表实现的开放水平较 GATS 大大提高。党的十九届四中全会提出“推动规则、规制、管理、标准等制度型开放”，CPTPP 协定服务贸易规则的特点和要求，对我国完善服务业国内规制、促进制度型开放提出了更高要求和标准。我国在总体上接受 CPTPP 的服务贸易规则不存在实质性障碍，但需进一步提高我国服务市场的开放水平，同时着眼于高水平的制度型开放，做好相关国内法的制定和调整。

第一，考虑制定《跨境服务贸易促进条例》。随着新技术的不断发展和国际交往及人员流动的大幅增加，跨境服务贸易将在国际服务贸易中占据越来越重要的地位。我国《对外贸易法》关于国际服务贸易的规定过于原则化，造成我国跨境服务贸易发展长期缺乏法律依据和基础。服务贸易通常涉及多个主管部门，加之技术推动新业态新模式不断出现，我国现行管理体制常存在部门权限模糊和多头管理等问题，不利于我国跨境服务贸易的发展、服务业竞争力的提升和服务市场的进一步开放。根据统筹国内法治和涉外法治的大局需要，可利用加入CPTPP谈判之机，在国内自贸区先行先试基础上，推动制定我国的跨境服务贸易促进条例。在跨境服务贸易的监管方面，可以在立法中明确通过服务贸易发展部际联席会议制度或自贸区服务贸易发展联席会议等方式，加强跨境服务贸易统筹管理及监管部门之间的信息交换及合作。

第二，大幅削减当地存在要求，提升跨境服务贸易监管能力，加强国际合作。"禁止要求当地存在"（禁存义务）或称"不设立权"，是指一国不得将外国服务提供者在当地设立或维持商业存在或成为居民作为允许其通过跨境方式提供服务的前提条件。"禁存义务"适用于跨境服务贸易的三种模式，即跨境提供、境外消费和自然人移动。在网络信息技术迅速发展的背景下，该规则降低了服务提供者（特别是中小微企业）通过网络等跨境方式提供服务的固定成本，对于电子商务和数字贸易的发展、跨境服务贸易的自由化具有重要的促进作用。

除了禁止要求当地设立，"禁止要求成为居民"是"禁存义务"的另一体现。根据WTO服务贸易委员会的解释，"要求成为居民"涉及对外国服务提供者的居住要求，如对特定服务的从业者施加的居住要求、对当地存在所雇用的高管、董事会成员、专业技术人员等特定人员施加的居住要求、提供特定服务的企业由当地居民管理等。"要求成为居民"同样加大了外国服务提供者的成本负担。CPTPP附件一注解第3条规定，当地存在要求和国民待遇条款是两个不同的纪律，只与当地存在条款不一致的措施不需要对国民待遇条款作出保留。

我国目前在电信、空运服务的销售和营销等服务中规定了当地存在要求。例如，在GATS承诺表中，我国对基础电信、增值电信、移动话音和数据服务、国内服务的模式1（跨境提供）所做的承诺为"见模式3"。对模式1的承诺见模式3，实际上即要求服务提供者如果通过跨境提供模式向我国消费者提供电信服务，须以在我国设立商业存在为前提。这是较为典型的当地存在要求。

第三，在加入CPTPP谈判中，首先，应详细梳理涉及当地存在要求的法律法规及部门规章，大幅削减当地存在要求适用的领域和范围。对少数确需保留的当地存在要求，争取通过与其他缔约方的谈判列入负面清单。其次，"禁存规则"对我国服务业的监管能力提出了新挑战，应加强我国对跨境服务贸易的监管能力建设，并推动国际监管合作。可以借鉴我国已经在外国投资领域对外国投资者采取的投资促进和投资便利化措施，在跨境服务贸易中引入信用承诺、备案制、个案审批等监管手段，降低外国服务提供者的合规负担。

第四，从法律上和技术上重视不符措施列表，真实反映我国开放水平及意图。从列表方式上看，CPTPP 采用较为彻底的负面清单模式。我国目前除了 CAI 外，尚未在对外商签的经贸条约中对投资和服务贸易均采取全面的负面清单列表模式。但 CAI 仅涉及服务贸易的模式 3，即商业存在，并不包含跨境服务贸易不符措施，因此我国对跨境服务贸易的负面清单在国际条约谈判中仍缺乏经验。在加入谈判时，除了在内容上做好我国清单条目的列表外，还应注意负面清单模式从技术上带来的挑战，参考其他缔约方的列表，使我国的清单列表能够真实准确地反映实际的承诺开放水平。

2. 电信服务（第 13 章）

（1）CPTPP 电信服务章的主要内容

电信服务与信息技术的发展密切相关，近年来得到迅速发展。CPTPP 协定第 13 章就电信服务进行了专章规定，包括 26 个条款，主要确立缔约方政府在电信服务监管方面的保证义务，特别是确保本国存在公平竞争有序的电信服务市场以及其他缔约方电信企业进入本国电信服务市场提供服务等。CPTPP 电信章节在一定程度上弥补了 GATS 的滞后性，其覆盖电信领域因技术发展出现的一些新服务。第 13.1 条对电信服务领域的重要概念，包括基本设施、互联互通、主要运营商等进行了界定。第 13.2 条明确本章适用于公共电信服务的接入和使用的政府措施、适用于公共电信提供者义务的政府措施以及其他有关电信服务的政府措施。第 13.3 条至第 13.26 条依次规定了监管方式、公共电信服务的接入和使用、公共电信服务提供者的义务、国际移动漫游、主要运营商给予公共电信服务的待遇、竞争保障、转售、主要供应商网络元素的分类计价（unbundling）、独立监管机构和政府所有权、普遍服务、许可程序、稀缺资源的分配和使用、电信争端解决、透明度等。

（2）我国加入 CPTPP 谈判中电信服务章节的关注问题和建议

我国在谈判中，在电信服务领域需理解监管独立性、透明度、市场准入等义务的约束，并进行相关国内法的调适。

第一，加强电信监管机构的独立性。CPTPP 第 13.16 条规定，每一缔约方应保证其电信监管机构与任何公共电信服务提供商分离且不对其负责。我国电信产业，特别是基础电信服务开放和电信监管体制等方面，与 CPTPP 协定要求仍有一定距离。根据 CPTPP 要求，为保证电信监管机构的独立性和公正性，每一缔约方应保证其电信监管机构不在任何公共电信服务供应商中享有财务权益，或参与运营或管理。同时，在存在电信委员会这一监督机构的情况下，可能存在CPTPP监管机构对我国电信监管机构的监管。客观上因政府拥有和控制我国三家基础电信服务经营者，并在管理行业架构中发挥主要作用，在加入CPTPP谈判中可能会引起其他缔约方提出关于我国电信监管者的独立性和公正性问题。

第二，遵守电信服务领域的透明度纪律。CPTPP电信服务贸易的透明度规定要求缔约方首先须符合协定关于透明度的一般性要求，即及时公布相关法律法规的义务。总体上看，我国电信法律体系的法律位阶较低，以部门规章和部门规范性文件为主。这对外资进入我国电信市场可能造成一定障碍，外国电信服务提供者可能抱怨难以清楚把握我国的电信立法框架，关于立法等透明度方面也与CPTPP要求有差距。在加入CPTPP谈判时，应注意这一问题并进行适当的调整。

第三，扩大电信服务市场准入。关于电信公司的国有控股比例要求，CPTPP协定第10.5条关于市场准入（跨境服务贸易，但本条义务涵盖投资）的规定要求任何缔约方不得在其一地区或在其全部领土内采取或维持限制，或者要求服务提供者应通过特定类型的法律实体或合营企业提供服务。根据我国发改委、商务部发布的《外商投资准入特别管理措施（负面清单）（2020年版）》第16项规定，电信公司限于中国入世承诺开放的电信业务，增值电信业务的外资股比不超过50%（电子商务、国内多方通信、存储转发类、呼叫中心除外），基础电信业务须由中方控股。可见，在电信行业外资的市场准入方面仍有严格的股权比例限制，外商企业分支机构、代表处等模式被禁止从事电信服务。我国关于外资准入的负面清单、《外商投资电信企业管理规定》（2016年修订）第6条和《中华人民共和国电信条例》（2016年修订）第10条与CPTPP协定关于市场准入的规定相冲突。尽管我国可以在谈判中争取将电信服务方面的准入限制列入负面清单，但过于严格的限制在谈判时可能遇到较大阻力。另外，我国关于电信服务转售的规定与基础电信业务许可严格绑定，即使未构成歧视待遇，但这些要求是否为合理限制，甚至是否构成实质性禁止等问题，在加入谈判中需要关注。

总体上，CPTPP电信服务章节相较于GATS规定了更高的标准和更具体的义务，旨在确保包括有关获得和使用电信服务、竞争性保障、电信网络互联、电信监管机构、国内电信纠纷的解决和透明度等方面的关键义务，在深度上和广度上均对我国的电信服务规则提出了新要求。我国电信服务贸易法律法规在关键的市场准入、监管独立性及电信立法等方面与 CPTPP 对电信服务自由化的要求还有一定距离，在加入 CPTPP 谈判中需进行调整。

四、我国服务业发展及服务市场的进一步开放

（一）我国服务贸易的发展及地位

服务贸易是衡量一个国家经济现代化和经济国际化水平的重要标志之一。我国近年来高度重视服务贸易发展，并将发展服务业及服务贸易作为中国经济转型和开放型经济体制建设中的重要环节，采取了一系列措施促进服务贸易发展。目前，我国经济已经进入了以服务业为主体的时代，服务贸易快速发展成为我国对外贸易的突出亮点。但我国在传统上属于货物贸易大国，在服务贸易领域则多年来一直存在严重逆差，与贸易大国地位不匹配。虽然我国服务贸易进出口总额居世界第二位，仅次于美国，但与美国差距达 5260 亿美元。

2014 年至 2019 年，我国服务贸易额年均增长 7.8%，是货物贸易增速的 2.2 倍；其间，我国服务贸易额占全球服务贸易总额的比重由 6.3% 提升至 6.6%，成为推动全球服务进口增长的最大贡献者。我国服务贸易的传统优势部门集中在旅游和运输服务以及其他商业服务。旅游和运输是我国服务贸易进出口两大领域，2019 年占比分别为 36% 和 19%。其他商业服务为我国主要服务出口领域，占比为 26%；旅游则占据了我国服务进口总额的一半左右。另一方面，近年来电信、计算机和信息服务领域向价值链高端环节迈进，知识产权使用费出口不断增长，表明我国服务贸易结构不断优化。① 另外，我国服务出口总额占世界总额的比例从 2005 年的 3% 增至 2020 年的 6%，进口增长则更快，从 2005 年占世界总额的 3.3% 增长到 2020 年的 8%。2019 年，美国仍是全球服务贸易的出口大国，其服务贸易顺差达 2889 亿美元；我国服务贸易逆差则为 2153 亿美元。

2020 年，受新冠肺炎疫情等多种因素的影响，我国服务进出口总额 45642.7 亿元，同比下降 15.7%。2020 年我国服务出口下降 1.1%，但进口下

---

① 前瞻产业研究院：《2020 年中国对外贸易全景分析报告》，载 https：//pdf.dfcfw.com/pdf/H3_AP202102261465749115_1.pdf?1614362668000.pdf，最后访问时间：2021 年 5 月 9 日。

降24%，因此带动服务贸易逆差大幅下降53.9%。2020年我国的知识密集型服务贸易占比提高，进出口同比增长8.3%，占服务进出口总额的比重达到44.5%。出口增长较快的领域是知识产权使用服务、电信计算机和信息服务、保险服务；进口增长较快的领域是金融服务、电信计算机和信息服务。2020年我国旅行服务进出口下降48.3%，是导致服务贸易下降的主要因素。总体上看，2020年我国服务贸易逆差减少，知识密集型服务贸易占比提高。①

（二）我国服务业的新近发展及进一步开放的重点路径

我国经济转型升级正处于关键时期，对服务贸易需求明显加大。推动服务贸易高质量发展，离不开更高水平开放环境的支撑。随着制造业对外开放日益成熟，服务业已成为我国更大范围、更宽领域、更深层次对外开放的焦点。党的十九届五中全会对扩大服务业对外开放作出了重要部署。商务部发布《全面深化服务贸易创新发展试点总体方案》，致力于推动取消或放宽对服务贸易限制措施。随着“两区”建设的推进，北京在实施全国版和自贸区版外商投资准入负面清单背景下，已在多项外资准入方面先行先试。如在金融领域，支持外资投资机构参与合格境内有限合伙人境外投资试点，支持外商独资企业申请成为私募基金管理人等。在信息服务领域，向外资开放国内互联网虚拟专用网业务，外资股比不超过50%；在特定区域取消应用商店的信息服务业务外资股比限制。在商务服务领域，优先在北京市允许跨国公司设立外商独资财务公司。在教育领域，探索引进考试机构及理工类学科国际教材等。总体上看，我国应在服务业新近发展及开放的良好基础上，继续致力于提高对外开放水平，并为经济高质量发展注入新动力。

1. 加快经济转型升级，推动服务业高质量发展

当前，我国经济转型升级正处于关键时期。首先，进入工业化后期，产业结构正由工业主导向服务业主导转型升级。其次，进入消费新时代，消费结构正由物质型消费为主向服务型消费为主转型升级。最后，新一轮科技革命和产业变革正在重塑服务贸易发展业态。随着新一代信息技术不断突破和广泛应用，数字经济发展迅速。经济转型升级对服务贸易需求明显加大。一方面，消费结构升级对服务贸易需求明显增强。另一方面，产业结构升级对

① 《商务部：2020年我国服务进出口总额45642.7亿元》，载商务部网站，http://www.mofcom.gov.cn/article/i/jyjl/e/202102/20210203037603.shtml，最后访问时间：2021年5月5日。

服务贸易需求明显加大，在数字经济条件下，我国产业升级与服务贸易发展将深度融合。服务产业数字化和数字产业服务化，有助于推动服务贸易向价值链高端发展。我国自2012年起在北京连续举办“中国国际服务贸易交易会”，应更好利用这一平台促进我国服务业的发展和市场开放。

2. 放宽服务业市场准入，以制度型开放推动制度型变革

近年来我国服务业市场开放进程呈现加快的大趋势，不仅开放程度不断深化，而且重点领域开放实现重大突破。应继续放宽服务业市场准入，扩大服务进口。加快推进服务业对外开放进程，按照《外商投资法》相关规定，基本完善外商投资服务体系。建议清理并大幅削减服务业领域边境内壁垒，实现资格互认；全面推广跨境服务贸易负面清单，允许负面清单外的境外企业在我国提供相关服务，逐步在人员流动、资格互认、市场监管等领域实现与国际接轨。

另一方面，应以制度型开放推进制度型变革。强化服务业领域的竞争政策基础性地位。全面清理服务业领域妨碍公平竞争的产业政策，减少行政力量对市场资源的直接配置，将产业政策严格限定在具有重大外溢效应或关键核心技术的领域。维护市场公平竞争，加强服务业领域的公平竞争审查，重点强化要素获取、准入许可、经营运行、政府采购和招投标等方面的公平竞争审查等。注重推进服务业领域内外标准对接。要加快推进与发达国家在相关服务领域的职业资格互认，逐步建立与国际接轨的服务业管理标准体系，推进与服务业市场开放相适应的监管变革。

3. 对标国际开放标准，进一步加快服务贸易自由化进程

从整体上看，推动服务贸易高质量发展，离不开更高水平开放环境的支撑，我们既要着力打造以服务贸易为重点的制度型开放新高地，还要推进以服务贸易为重点的区域性自由贸易进程。具体建议如下：

一是对标世界最高开放标准，推进我国自贸区 / 港在服务贸易领域的自贸港政策与制度的“早期安排”。为发挥我国服务业开放中的引领作用，北京近年来在打造国家服务业扩大开放综合示范区，设立以科技创新、服务业开放、数字经济为主要特征的自由贸易试验区，构建京津冀协同发展的高水平开放平台，带动形成更高层次改革开放新格局。海南自贸港建设亦应充分学习借鉴国际自由贸易港的先进经营方式、管理方法和制度安排，聚焦贸易投资自由化、便利化，建立与高水平自由贸易港相适应的政策制度体系。建议对标

世界最高水平经贸规则，借鉴并率先实施国际最新投资贸易协定的相关条款，尽快开展一些重点领域的先行先试。在国内自贸试验区（如北京）或海南自贸港加快推进教育、医疗健康、文化体育等领域的更大开放政策，取得自贸港产业发展的早期收获等，尝试或试点取消以下服务行业的投资限制。

具体而言，在健康服务方面，建议取消对私立医院的合资要求，允许设立外商独资私立医院，或者在北京、上海、天津、广州和深圳等主要城市先行开放。在电信中的云服务方面，建议取消对云服务的投资限制，允许设立外方股本不超过50%的合资企业。关于计算机及相关软件服务，建议允许设立独资软件服务公司。在电影院服务方面，将合资建设或改造电影院外资不得超过49%的上限扩大到允许外资控股。对于国际海运辅助服务，则允许在货物装卸、集装箱堆场、海运代理等服务领域设立外商独资企业。在航空器维修服务方面，可以允许外国服务提供者在中国设立独资航空器维修企业。

关于商业服务，可考虑取消对房地产服务、租赁服务、运输工具维修和保养、广告、市场研究、管理咨询和翻译等服务的合资要求。在环境保护服务方面，建议取消环境服务的合资要求，允许设立外商独资环保企业。对于建筑服务，中国加入WTO时，只允许外商独资企业承揽下列四种类型的建筑项目，包括：第一，全部由外国投资和/或赠款资助的建设项目或由国际金融机构资助并通过根据贷款条款进行的国际招标授予的建设项目；第二，外资等于或超过50%的中外联合建设项目；第三，外资少于50%，但因技术困难而不能由中国建筑企业独立实施的中外联合建设项目；第四，由中国投资，但中国建筑企业难以独立实施的建设项目，经省政府批准，可由中外建筑企业联合承揽。本报告则建议适时取消上述对外资的建筑项目限制。

二是推进以服务贸易为重点的区域性自由贸易进程。尽快实现中日韩服务贸易发展新突破。以共同维护供应链安全稳定为目标，推动形成中日韩服务贸易优势互补的分工合作新机制。一方面，建议以服务贸易为重点率先打造中韩自贸区升级版。在此过程中，既要进一步降低货物贸易关税，还要逐步推进双边服务标准的对接、服务市场的融合。另一方面，还要率先实施服务业项下自由贸易政策，取得中日韩服务贸易发展的“早期收获”。适应数字经济引领产业变革大趋势，开展智能制造产业项下的深度合作等。

当今世界正在经历百年未有之大变局。新冠肺炎疫情全球大流行使这个大变局加速变化，经济全球化遭遇逆流，保护主义、单边主义上升，世界经济低迷，国际贸易和投资大幅萎缩，给人类生产生活带来前所未有的挑战和考验。但与此同时，近年来新一轮科技革命和产业变革孕育兴起，带动了数字技术的强势崛起，促进产业深度融合，并引领服务经济的蓬勃发展。服务业因其独特的轻资产和软要素等特点，更加需要开放、透明、包容、非歧视的行业发展环境，更需要各国努力减少制约要素流动的“边境后”投资和贸易壁垒，推动跨境互联互通。[①] 我国应继续大力推动服务贸易发展，一方面顺应国内服务型的消费需求，另一方面更好地助力我国高水平和制度型的对外开放。在国际层面，则应立足于服务贸易发展的实际需要，推动多边、诸边和区域层面的服务规则协调，不断完善全球服务经济治理，促进世界经济的包容性增长。

① 迟福林：《“十四五”服务贸易发展的三大趋势》，载《经济日报》2021年2月5日。

论建设工程价款优先受偿权的清偿顺位

高印立 *

● 摘 要

本文从解释论的角度出发，根据当前法律、司法解释和有关规范性文件的规定及司法实践，对建设工程价款优先受偿权与其他权利的清偿顺位作了较为全面的梳理，并提出了自己的见解。具体而言，非消费者的物权期待权和不动产的预告登记均不能对抗建设工程价款优先受偿权；在债务人破产时，承包人享有优先受偿权的建设工程也属于破产财产，为实现该优先受偿权而产生的破产费用和共益债务（含税款）应优先于该优先受偿权清偿，但该优先受偿权的清偿顺位应优先于其他担保物权、经预告登记的债权请求权及其他破产费用和共益债务（含税款）；对于不动产已经转让的情形，在第三人善意的情况下，应承认建设工程价款优先受偿权的追及效力。

● 关键词

建设工程价款优先受偿权　清偿顺位　预告登记　追及效力　物上代位性

---

* 高印立，北京采安律师事务所高级顾问、教授级高级工程师，北京仲裁委员会/北京国际仲裁中心仲裁员。致谢：北京采安律师事务所的石伟博士对本文提出了有益的意见，李佳蓉女士翻译了本文题目和摘要，在此一并致谢！

Abstract: From the perspective of interpretation theory and in accordance with the current law, judicial interpretation, related regulatory documents, and judicial practice, this article comprehensively studies the payment sequence of priority of compensation for construction project price and other rights, and also provides the author's own opinions. To be specific, non-consumer's ownership contingent right and the advance notice registration of real estate can not resist against priority of compensation for construction project price; When debtor goes bankrupt, the construction project for which the contractor enjoys priority of compensation is also bankrupt property, bankruptcy expenses and obligatory right of common benefit (including tax) which incurred from realizing the priority of compensation shall be compensated prior to the priority of compensation, but the payment sequence of the priority of compensation shall precede over other real rights, right to petition of obligatory rights with advance notice of registration, and other bankruptcy expenses and obligatory right of common benefit (including tax); When real property has already been transferred, if the third-party is bona fide, the pursuing effect of the priority of compensation for construction project price shall be acknowledged.

Key Words: priority of compensation for construction project price, payment sequence, advance notice registration, pursuing right, subrogation

一、前言

建设工程价款优先受偿权本质上属于担保物权，但由于我国未规定该权利的登记公示制度，因此，对于该优先受偿权与其他权利的清偿顺位曾颇有争议。[①]《最高人民法院关于建设工程价款优先受偿权问题的批复》(法释〔2002〕

① 参见梁慧星:《合同法第二百八十六条的权利性质及其适用》，载《山西大学学报(哲学社会科学版)》2001年第6期；张学文:《建设工程承包人优先受偿权若干问题探讨》，载《法商研究》2000年第3期；余能斌、范中超:《论法定抵押权——对〈合同法〉第286条之解释》，载《法学评论》2002年第1期；宋金林:《略论建设工程承包人的优先受偿权对合同法第286条的解读》，载《人民法院报》2001年1月10日；等等。

16号）（以下简称《优先受偿权问题批复》）施行后，建设工程价款优先受偿权与交付大部分商品房购房款的消费者、一般抵押权之间的清偿顺位得以解决。但随着《物权法》《企业破产法》《民法典》的出台以及《企业破产法》司法解释和有关执行异议司法解释的施行，建设工程价款优先受偿权与其他权利的清偿顺位变得更加复杂。比如：《最高人民法院关于人民法院办理执行异议和复议案件若干问题的规定》（法释〔2015〕10号）（以下简称《执行异议和复议规定》）第28条、第29条与《优先受偿权问题批复》第2条的关系；预告登记对权利顺位的影响；发包人破产时，承包人享有优先受偿权的建设工程是否应纳入破产财产，其与破产费用和共益债务、税收债权、劳动债权的清偿顺位如何确定；预告登记是否具有破产保护效力，其清偿顺位如何确定；工程价款优先受偿权是否及于转让后的不动产等。

对于上述问题，理论和实践中均存在不同观点。本文在学者研究的基础上，对建设工程价款优先受偿权与其他权利的清偿顺位作了较为全面的梳理，并结合司法实践提出了自己的见解，最后对建设工程价款优先受偿权的追及效力和物上代位性进行了探讨。

二、工程价款优先受偿权与购房人权利的冲突与协调

（一）购房消费者的物权期待权

在我国，就如何平衡建设工程优先受偿权人与购房消费者之间的利益冲突问题，学界主要有消费者权利优先、建设工程优先受偿权优先，以及根据具体情况具体分析的折中说等多种观点。[①]《优先受偿权问题批复》第2条对此曾规定："消费者交付购买商品房的全部或者大部分款项后，承包人就该商品房享有的工程价款优先受偿权不得对抗买受人。"虽然该批复已经废止，但2015年5月5日施行的《执行异议和复议规定》仍然有效。该规定第29条将上述批复的规定进行了细化，规定了保护房屋消费者物权期待权的三个要件：（1）在人民法院查封之前已签订合法有效的书面买卖合同；（2）所购商品房系用于居住且买受人名下无其他用于居住的房屋；（3）已支付的价款超过合同约定总价款的50%。

① 参见王旭光：《建筑工程优先受偿权制度研究——合同法第286条的理论与实务》，人民法院出版社2010年版，第214页。

在建设工程价款优先受偿权与购房人权利出现冲突时，应以《执行异议和复议规定》第29条规定的要件作为认定的依据。在“广西恒冠建设集团有限公司、王某祥再审案”中，最高人民法院即认为,《优先受偿权问题批复》第2条规定“实质已经融入到2015年施行的《执行异议和复议规定》第二十九条规定的条款之中，且第二十九条又进一步细化规定了三个要件。在新的司法解释针对买受人对登记在被执行的房地产开发企业名下的商品房提出异议明确予以规定后，二审判决直接适用该批复进行裁判，属于适用法律不当”[①]。

实践中，在认定消费者的物权期待权时，还需要注意以下几个方面的问题：

1. 购房消费者应当符合《消费者权益保护法》的规定。重庆市高级人民法院于2003年3月24日作出的《关于对〈最高人民法院关于建设工程价款优先受偿权问题的批复〉应如何理解的意见》就认为，购房消费者中消费者的含义应与《消费者权益保护法》中的“消费者”含义相同，即购房者购房是为生活消费需要而不是为经营需要。而购买商铺、写字楼具有投资属性，故此类房屋的购买人不应纳入消费者生存权的保护范畴，其权利不能对抗承包人的工程价款优先受偿权。但商住两用房也具备居住属性，则应当予以保护。[②]

2. 关于“买受人名下无其他用于居住的房屋”的理解,《全国法院民商事审判工作会议纪要》(法〔2019〕254号)(以下简称《九民会议纪要》)又作了进一步的解释。该纪要第125条指出：“‘买受人名下无其他用于居住的房屋’，可以理解为在案涉房屋同一设区的市或者县级市范围内商品房消费者名下没有用于居住的房屋。商品房消费者名下虽然已有1套房屋，但购买的房屋在面积上仍然属于满足基本居住需要的，可以理解为符合该规定的精神。”但本文认为，上述规定有值得商榷之处。如果购房人在其经常居住地有一套以上住房，其在该地之外的设区的市或者县级市购买的房屋不能排除用于旅游、投资的可能性，因此，不宜一律将其认定为满足基本居住需要的房屋。

3. 关于“已支付的价款超过合同约定总价款的百分之五十”的理解,《九民会议纪要》第125条指出：“如果商品房消费者支付的价款接近于百分之五十，且已按照合同约定将剩余价款支付给申请执行人或者按照人民法院的

---

① 参见最高人民法院（2018）最高法民再443号民事判决书。

② 参见最高人民法院民事审判第二庭编著:《〈全国法院民商事审判工作会议纪要〉理解与适用》,人民法院出版社2019年版，第631页。

要求交付执行的，可以理解为符合该规定的精神。”

4. 消费者的物权期待权应当以成立商品房买卖合同为前提，名为商品房买卖实为其他性质合同的，当事人的权利不能对抗承包人的建设工程价款优先受偿权。在“徐某、浙江暨阳建设集团有限公司申请执行人执行异议之诉案”中，法院即认为，基于以物抵债协议的请求权属于债权请求权而非物上请求权，不能对抗承包人的优先受偿权。[①]

（二）其他无过错购房人的物权期待权

根据《执行异议和复议规定》第28条的规定，无过错购房人的物权期待权在规定条件下也应得到保护。那么，符合该规定条件的非消费者购房人的物权期待权能否对抗承包人的工程价款优先受偿权呢？本文从以下几个方面进行讨论。

1.《执行异议和复议规定》第28条和第29条的关系

《执行异议和复议规定》第27条规定：“申请执行人对执行标的依法享有对抗案外人的担保物权等优先受偿权，人民法院对案外人提出的排除执行异议不予支持，但法律、司法解释另有规定的除外。”但第28条是否适用于排除担保物权等优先受偿权的强制执行，实践中的观点并不一致。

在“麦某天与广西恒冠建设集团有限公司等案外人执行异议之诉再审案”中，最高人民法院认为，房屋买受人若要排除普通债权的执行，既可以选择适用《执行异议和复议规定》第28条，也可以选择适用第29条，但房屋买受人若要排除建设工程价款优先受偿权、担保物权等权利的强制执行，则必须符合《执行异议和复议规定》第29条的规定。[②]而在“广汉珠江村镇银行股份有限公司、四川省广汉市新丰工业供销有限公司案外人执行异议再审案”中，最高人民法院则认为，《执行异议和复议规定》第28条的规定当然属于“法律、司法解释另有规定”的情况，故该第28条属于第27条但书的规定。[③]也就是说，第28条同样适用于排除担保物权等优先受偿权强制执行的情形。

① 参见山东省高级人民法院（2020）鲁民终807号民事判决书。最高人民法院（2020）最高法民申1283号民事裁定书也有同样的认定。

② 参见最高人民法院（2018）最高法民申788号民事裁定书。

③ 参见最高人民法院（2018）最高法民申2703号民事裁定书。最高人民法院（2018）最高法民终1306号民事判决书也有类似表述。

本文认为，从条文规定的逻辑来看，《执行异议和复议规定》第 28 条、第 29 条应当均属第 27 条规定的但书内容，只是二者适用的情形有所不同，前者适用于一般不动产的买受人，后者适用于购买房地产开发企业名下商品房的消费者。最高人民法院关于该规定的理解与适用一书也指出："案外人对执行标的尚未取得所有权，但享有应向其交付的债权请求权的，除法律、司法解释明确规定能够阻止执行的情形以外（例如，本司法解释第 28—30 条，《最高人民法院关于建设工程价款优先受偿权问题的批复》第 2 条等），案外人对执行标的的债权请求权，原则上不能阻止执行，也不能对抗申请执行人的优先受偿权。"[①]《江苏省高级人民法院执行异议及执行异议之诉案件审理指南（二）》第 10 条也规定，金钱债权执行中，被执行人为房地产开发企业，案外人作为被执行人开发的商品房买受人，其主张只要符合《执行异议和复议规定》第 28 条或第 29 条任一条规定情形的，对其诉讼请求或抗辩主张应予以支持。可见，《执行异议和复议规定》第 28 条、第 29 条是并列的关系，而非相互排斥的关系，即二者既适用于普通债权的排除执行，也适用于担保物权等优先受偿权的排除执行。

2. 非消费者的物权期待权与一般抵押权

既然《执行异议和复议规定》第 28 条也适用于担保物权等优先受偿权的排除执行，那么，一般不动产的买受人包括作为非消费者的购房人，在符合该条规定的情况下则可以排除抵押权的执行。在"德州农村商业银行股份有限公司、孙某鹏申请执行人执行异议之诉再审案"中，最高人民法院即认为，虽然德州农商行对案涉房产享有抵押权，但孙某鹏在案涉房屋被查封前已经签订书面购房合同、支付房款并实际占有使用案涉房屋，对房屋未办理过户登记亦不存在过错，故孙某鹏对案涉房屋享有足以排除强制执行的民事权益。[②]在"北京长富投资基金、华夏银行股份有限公司武汉洪山支行股权转让纠纷案"中，最高人民法院也持同样观点。[③]当然，也有观点认为，案外人基于对

① 江必新、刘贵祥主编：《最高人民法院关于人民法院办理执行异议和复议案件若干问题规定理解与适用》，人民法院出版社 2015 年版，第 390-391 页。

② 有关民事判决书显示，案涉房屋为孙某鹏经营使用。参见最高人民法院（2020）最高法民申 777 号民事裁定书，山东省高级人民法院（2019）鲁民终 1068 号民事判决书。

③ 参见最高人民法院（2019）最高法民终 542 号民事判决书。

标的物享有物权期待权，从而对申请执行人的抵押权提出异议并要求停止执行的，应根据抵押权的设立时间区分处理。[①]

3. 非消费者的物权期待权与工程价款优先受偿权

关于符合《执行异议和复议规定》第28条规定的非消费者购房人的物权期待权，能否对抗承包人的工程价款优先受偿权，实践中存在不同观点。

有观点认为，因建设工程价款优先受偿权无法定的公示方式，第三人对其权利并不知悉，不能因为法律规定可能存在建设工程价款优先受偿权而推定购买人有过错，而且，如果该物权期待权不能对抗建设工程价款优先受偿权，将会出现已交付全部价款并入住的房屋被强制执行的情形，容易引发群体性事件和社会矛盾。[②] 在"中天建设集团有限公司与王某光、白山和丰置业有限公司案外人执行异议之诉案"中，法院也认为，当事人对商铺的物权期待权更应当得到法律的保护。[③]

也有观点认为，"建设工程优先受偿权属于法定优先权，法律赋予其很强的效力，若排除享有建设工程优先受偿权的债权的执行，自无纪要第127条[④]适用的余地，因为该条规范的是一般不动产买受人的物权期待权"。"该规定是法律基于生存权至上考虑所作的特殊规定，应当严格把握，不宜扩大适用。

① 该观点认为，抵押权设立在先的，依法成立并公示的抵押权效力优先于买受人的物权期待权；抵押权在抵押物转让后设立的，在未能认定抵押权善意时，才有适用买受人物权期待权的空间。参见何姣：《买受人物权期待权认定及阻却执行的条件》，载《人民司法（案例）》2018年第11期。

② 参见竖会新：《案外人异议所涉权利冲突的实务化解》，载《人民司法》2019年第31期。

③ 参见吉林省高级人民法院（2019）吉民终517号民事判决书。在该案中，法院认为：本案王某光与白山和丰置业有限公司在一审法院查封前已签订合法有效的书面买卖合同，支付全部价款，且合法占有该商铺，其应当依法获得涉案商铺的所有权，王某光未办理过户登记原因是开发单位未办理初始登记，王某光无过错，其对案涉商铺的物权期待利益应当得到法律的保护。故中天公司以其对涉案商铺折价、拍卖所得价款享有优先受偿权主张执行，法院不予支持。

④ 《九民会议纪要》第127条规定："金钱债权执行中，商品房消费者之外的一般买受人对登记在被执行人名下的不动产提出异议，请求排除执行的，《最高人民法院关于人民法院办理执行异议和复议案件若干问题的规定》第28条规定，符合下列情形的依法予以支持：一是在人民法院查封之前已签订合法有效的书面买卖合同；二是在人民法院查封之前已合法占有该不动产；三是已支付全部价款，或者已按照合同约定支付部分价款且将剩余价款按照人民法院的要求交付执行；四是非因买受人自身原因未办理过户登记。人民法院在审理执行异议之诉案件时，可参照适用此条款。"

对于房屋的性质应当限定在居住用房，商业用房不在保护之列。”[①] 在“王某、西安虹桥置业有限责任公司申请执行人执行异议之诉纠纷案”中，最高人民法院也认为，人民法院生效判决已判令承包人在西安虹桥置业有限责任公司应支付的工程款范围内，对商品房住宅房屋以外的工程享有建设工程价款优先受偿权，涉案房屋不属于住宅房屋。因此，王某不能对抗本案承包人主张的建设工程价款优先受偿权的执行。[②]

本文认为，建设工程价款优先受偿权主要保护的是承包人的经营利益，而对建筑工人工资的保护只是其衍生的功能。然而，基于优先受偿权的担保物权性质，其仍应当优先于其他经营者的物权期待权。同时，虽然上述纪要不是司法解释，不能作为裁判依据进行援引，但最高人民法院认为，人民法院在裁判文书“本院认为”部分具体分析法律适用的理由时，可以根据该纪要的相关规定进行说理。由此，本文赞成上述第二种观点，即建设工程价款的优先受偿权应当优先于非消费者的物权期待权。

（三）购房人办理预告登记的影响

我国《民法典》第221条第1款规定了预告登记的法律效果，即预告登记后，未经预告登记的权利人同意，处分该不动产的，不发生物权效力。《最高人民法院关于适用〈中华人民共和国民法典〉物权编的解释（一）》（以下简称《民法典物权编司法解释（一）》）第4条对此作了进一步解释。《执行异议和复议规定》第30条也规定：“金钱债权执行中，对被查封的办理了受让物权预告登记的不动产，受让人提出停止处分异议的，人民法院应予支持；符合物权登记条件，受让人提出排除执行异议的，应予支持。”

需要讨论的是，若房屋买受人在房屋所有权转移之前办理了预告登记，该预告登记的效力是否能够对抗该房屋所对应工程的承包人价款优先受偿权呢？实践中对此存在不同观点。

在“骆某良案外人执行异议之诉纠纷案”中，法院认为，原告对案涉房屋办理的预告登记，不能取得对案涉房屋的物权请求权，不能阻却本院对案涉

---

① 最高人民法院民事审判第二庭编著：《〈全国法院民商事审判工作会议纪要〉理解与适用》，人民法院出版社2019年版，第629–630页。

② 参见最高人民法院（2019）最高法民申2497号民事判决书。最高人民法院（2019）最高法民申4120号民事判决书也持同样观点。

项目的查封、评估、拍卖，原告不是司法解释规定的购买商品房并交付了全部或者大部分款项的消费者，故其权利不能对抗承包人就建设工程价款的优先受偿权。[①]而在“镇江华建置业有限公司与通州建总集团有限公司、镇江北极房地产开发有限公司建设工程施工合同纠纷执行案”中，法院则认为，讼争房屋办理了不动产预告登记，产生了物权法规定的法律效力，故裁定中止了21套商铺的执行，未支持申请执行人关于“商铺购买人不是消费者，不能优先于建设工程价款优先受偿权”的抗辩。[②]

本文赞成第一种观点，即预告登记不能对抗承包人的优先受偿权，具体分析如下：

第一，预告登记是不动产物权变动请求权的担保手段，具有保全效力。通过预告登记可使被担保的请求权得以排除他人干涉而实现，因此预告登记具有一定的“物权效力”，即物权属性中的排他效力。然而，预告登记权利人对不动产既不具有事实上的直接占有，也不构成法律上的间接占有，其对权利的处分也是对其债权请求权的处分，其对不动产不具有支配权。因此，预告登记权利人所享有的请求权虽然被赋予了完备的绝对效力，但仍然完全处于债务关系之中，并不能改变其债权请求权的实质。[③]

第二，在房屋上设定了抵押权等担保物权或其他依法具有优先受偿效力的金钱债权，在性质上已经属于物权，其显然应优先于在后预告登记的权利，不应被预告登记阻却其权利的实现。在现行法框架下，只有同时具备了“已经交付全部或者大部分所购商品房价款”以及“消费者”这两个条件，房屋买受人的债权才可以排除建设工程价款优先权等优先受偿权的强制执行，至于是否办理了房屋所有权预告登记，在所不问。[④]

第三，商品房预售条件之一就是相应的建设工程施工应满足一定的施工

---

① 参见浙江省诸暨市人民法院（2017）浙0681民初11320号民事判决书。

② 参见镇江市丹徒区人民法院（2019）苏1112执异118号执行裁定书。

③ 参见金可可：《预告登记之性质——从德国法的有关规定说起》，载《法学》2007年第7期。

④ 参见司伟：《预告登记排除金钱债权执行中的几个问题——以房屋所有权预告登记为例》，载《法律适用》2017年第21期。

进度要求（如完成基础工程、主体结构封顶等），[①] 而建设工程价款优先受偿权是承包人的法定权利，只要在建的建设工程（含分部分项工程）质量合格即应成立。由此可见，建设工程价款优先受偿权的成立时间早于预售房屋的预告登记时间。基于工程价款优先受偿权的法定性，预告登记人在办理登记时应当知道优先受偿权的存在，因此，尽管预告登记被赋予了一定的“物权效力”，但也不应对抗在先成立的优先受偿权。

综上，预告登记本身并不能对抗承包人就建设工程价款享有的优先受偿权。《江苏省高级人民法院执行异议及执行异议之诉案件审理指南（二）》第11条也规定，案外人以案涉不动产已办理物权预告登记为由，对金钱执行债权提出执行异议请求停止处分的，应予支持，但申请执行人对执行不动产享有工程价款优先受偿权的除外。

三、债务人破产时的清偿顺位

在破产法理论上，通常认为担保物权所担保的特定财产享有破产别除权。所谓破产别除权是指债权人因其债权设有物权担保或享有特别优先权，而在破产程序中就债务人（即破产人）特定财产享有的优先受偿权利。[②] 我国《企业破产法》第109条对此作了规定。建设工程价款优先受偿权本质上是一种担保物权，其担保的建设工程也应具有破产别除权。[③] 根据《最高人民法院关于审理企业破产案件若干问题的规定》（法释〔2002〕23号）第71条第2项

---

① 如：《北京市住房和城乡建设委员会关于进一步加强本市商品房预售许可管理有关问题的通知》（京建法〔2013〕12号）第1条规定：“2013年8月1日后新签订土地出让合同的房地产开发项目，对商业、办公等非住宅楼栋，以及套均建筑面积大于140平方米的住宅楼栋，申请预售许可时，施工进度应达到以下条件：地上规划层数7层（含）以下的，施工进度应达到主体结构封顶；8层（含）以上的，施工进度应达到地上规划层数1/2以上（且不低于7层）。”《广东省商品房预售管理条例》（2014年修正）第6条规定：“预售商品房时，应当取得商品房预售许可证。取得商品房预售许可证应当具备下列条件：……（五）三层以下的商品房项目已完成基础和结构工程；四层以上的商品房项目，有地下室工程的，已完成基础和首层结构工程，无地下室工程的，已完成基础和四层结构工程；……”

② 王欣新：《破产别除权理论与实务研究》，载《政法论坛（中国政法大学学报）》2007年第1期。

③ 也有观点认为，建设工程价款优先受偿权的性质是优先权。即使按此观点，工程价款优先受偿权的性质也是一种特别优先权，其担保的建设工程应当具有破产别除权。

的规定，担保物权所担保的财产不属于破产财产，[①] 但《最高人民法院关于适用〈中华人民共和国企业破产法〉若干问题的规定（二）》（以下简称《〈企业破产法〉司法解释（二）》）第3条第1款对此作了改变。[②] 该条明确，担保物权所担保的特定财产也属于破产财产。因此，工程价款优先受偿权的行使应当在《企业破产法》的规则之下，并必须经过管理人的统一处分。在"北京益置建安装饰有限公司、湖南中顺置业投资有限公司与破产有关的纠纷案"中，法院即认为，已设置抵押的某商务大厦在建工程应属于破产财产，在涉案房屋已设置抵押且抵押权人行使优先权的情况下，当事人按《最高人民法院关于审理企业破产案件若干问题的规定》第71条第5项规定主张涉案房屋不属于破产财产的理由不能成立。[③]

既然承包人享有优先受偿权的建设工程也属于破产财产，而破产财产是由管理人负责管理的，于是便产生了实现工程价款优先受偿权的费用和管理人相关管理报酬的支付问题。建设工程价款优先受偿权与破产费用、共益债务、税收债权及职工劳动债权等之间的受偿顺位就值得研究。实际上，无论在理论上还是实践中，上述权利之间的顺位也确实存在颇多争议。以下就此分别进行讨论。

（一）建设工程价款优先受偿权与破产费用、共益债务

在司法实践中，时常会出现破产费用、共益债务与担保物权之间在清偿顺位方面的矛盾。《〈企业破产法〉司法解释（二）》第3条第2款规定："对债务人的特定财产在担保物权消灭或者实现担保物权后的剩余部分，在破产程序中可用以清偿破产费用、共益债务和其他破产债权。"由此可以推论出，担保物权应当优先于破产费用和共益债务受偿，有学者也持同样观点。[④] 但实践中也有观点认为，破产费用、共益债务的清偿顺位应当优先于担保物权和建

---

① 《最高人民法院关于审理企业破产案件若干问题的规定》（法释〔2002〕23号）第71条规定："下列财产不属于破产财产：……（二）抵押物、留置物、出质物，但权利人放弃优先受偿权的或者优先偿付被担保债权剩余的部分除外；（三）担保物灭失后产生的保险金、补偿金、赔偿金等代位物；（四）依照法律规定存在优先权的财产，但权利人放弃优先受偿权或者优先偿付特定债权剩余的部分除外；……"

② 《〈企业破产法〉司法解释（二）》第3条第1款规定："债务人已依法设定担保物权的特定财产，人民法院应当认定为债务人财产。"

③ 参见湖南省高级人民法院（2019）湘民终206号民事判决书。

④ 参见徐阳光：《破产法视野中的担保物权问题》，载《中国人民大学学报》2017年第2期。

设工程价款优先受偿权。[①]

实际上，破产费用和共益债务既可能是为实现建设工程价款优先受偿权及其他担保物权而产生，也可能与上述权利的实现无关。因此，有必要对不同情形分别进行分析。

1. 对于为实现或取得工程价款优先受偿权而产生的破产费用、共益债务，其应当从优先受偿的工程价款中支付，具体理由如下：

首先，《民法典》第389条规定："担保物权的担保范围包括主债权及其利息、违约金、损害赔偿金、保管担保财产和实现担保物权的费用。当事人另有约定的，按照其约定。"可见，破产费用、共益债务中可能包含"保管担保财产和实现担保物权的费用"。而尽管根据《最高人民法院关于审理企业破产案件确定管理人报酬的规定》第2条的规定，担保权人优先受偿的担保物价值，不计入确定管理人报酬的财产价值总额，但该规定第13条同时又规定，管理人对担保物的维护、变现、交付等管理工作付出合理劳动的，有权向担保权人收取适当的报酬。因此，某些实现建设工程价款优先受偿权的费用虽属破产费用或共益债务，[②]但其应当从该担保物的变价款中支付，即其应当优先于与担保物权无关的其他破产费用和共益债务清偿。

其次，设想在债务人全部财产都被设置物权担保的情况下，由于几乎没有无担保财产可供支付，如果实现担保物权的破产费用和有关共益债务不能从担保财产中支付，则根据《企业破产法》第43条第4款的规定，应终结破产程序。由此，将导致物权担保的财产无法通过破产程序处置，担保债权人的利益也难以顺利实现。[③]因此，"担保财产的管理费用包括担保物的变价费用等为实现担保债权而直接、间接发生的种种费用，均应当由担保财产的变价款中优先支付，对此应无疑义"[④]。

---

① 参见夏正芳、李荐：《房地产开发企业破产债权的清偿顺序》，载《人民司法（应用）》2016年第7期。

② 人民法院受理破产申请后，实现建设工程价款优先受偿权的诉讼费用、拍卖费用等属于破产费用，而破产管理人或债务人请求承包人完成未完工程，从而就已完工工程成立优先受偿权所产生的债务就属于共益债务。

③ 参见王欣新：《破产费用、共益债务与物权担保债权间的清偿关系》，载《人民法院报》2015年9月2日。

④ 王欣新：《破产别除权理论与实务研究》，载《政法论坛（中国政法大学学报）》2007年第1期。

2. 对于其他与实现担保物权无关的破产费用、共益债务，担保物权所担保的债权应当优先于此类破产费用、共益债务。

因此，建设工程价款优先受偿权与破产费用、共益债务的清偿顺位是：为实现工程价款优先受偿权的破产费用、共益债务 > 工程价款优先受偿权 > 为实现其他担保物权的破产费用、共益债务 > 设立担保物权的债权 > 其他破产费用、共益债务。

（二）建设工程价款优先受偿权与税收债权

根据《企业破产法》第 113 条的规定，破产费用、共益债务的清偿顺位优先于破产人所欠的税款，则工程价款优先受偿权及其他担保物权应当优先于税收债权清偿。然而，《税收征收管理法》第 45 条第 1 款又规定："税务机关征收税款，税收优先于无担保债权，法律另有规定的除外；纳税人欠缴的税款发生在纳税人以其财产设定抵押、质押或者纳税人的财产被留置之前的，税收应当先于抵押权、质权、留置权执行。"可见，上述法律规定并不一致，由此也导致实践中对物保债权与税收债权的受偿顺位产生分歧。

有观点认为，当物保债权发生在税收债权之前时，自然应当适用《企业破产法》第 109 条和第 113 条，将物保债权作为别除权优先于税收债权而受偿；而当税收债权发生在物保债权之前时，则《税收征收管理法》第 45 条第 1 款就是《物权法》第 170 条规定的除外情形，[①]据此，税收债权应优先于物保债权受偿。[②]也有观点认为，应严格执行《企业破产法》的规定，担保物权优先于税收债权受偿，《税收征收管理法》第 45 条依照时间先后处理的规定应仅限于非破产程序之中。[③]

本文对此讨论如下：

第一，传统观点认为，设立税收优先权有两个最基本的理由，一是基于税收的公益性，二是基于税收的风险性。其公益性体现为，税收是一种由个人利益集合而成并最终服务于个人利益的公共利益，因此可以被视为保护私法

① 《物权法》第 170 条规定："担保物权人在债务人不履行到期债务或者发生当事人约定的实现担保物权的情形，依法享有就担保财产优先受偿的权利，但法律另有规定的除外。"《民法典》第 386 条也有相同规定。

② 参见徐燕飞、郑宏帜：《破产程序中的税收债权受偿》，载《人民司法（应用）》2019 年第 34 期。

③ 参见徐阳光：《破产法视野中的担保物权问题》，载《中国人民大学学报》2017 年第 2 期。

债权的最基本之共益费用。其风险性体现为，税收是一种缺乏对待给付的债权，税务机关与纳税人之间信息不对称，税收的保障手段所受限制较多。[①]然而，公益价值并非绝对价值，私人利益中也渗透着公共利益。过分强调征收债权对私债权的优先权，将损害私人交易的安全性，甚至破坏市场经济基本秩序，不宜提倡。[②]《税收征收管理法》规定了税收保全、强制执行、强制担保、预先征收、滞纳金、限制出境、代位权和撤销权等征收措施，[③]这些措施是“具有公法属性的保障措施，对于债务人的威慑效果更为显著，远非私法保障措施所能及”，[④]这使得税收的风险极大降低。因此，对税收优先权应当有所限制。同时，《企业破产法》规定物保债权优先于税收债权，也“体现了对其他债权人的保护，体现了‘国家不与民争利’的原则”[⑤]。

第二，从《企业破产法》和《税收征收管理法》的关系上看，前者是针对破产企业这一特殊主体制定的法，后者是针对税收征收这一特殊事项制定的法，二者并非一般意义上的一般法和特别法的关系。但在《企业破产法》中，对于破产财产中税收债权的顺位作了明确规定，而在《税收征收管理法》中规定的是一般情形下税收债权与担保物权的顺位，并未涉及破产企业这一特殊主体。而且，《税收征收管理法》第45条规定的立法本旨在于“防止欠税人以抵押、质押担保为名恶意转移资产，以维护国家税收的权威性和稳定性”。[⑥]而确定破产企业物保债权与税收债权受偿顺位本质上是解决权利冲突问题，目的在于实现破产债权的公平清偿，这与《企业破产法》“公平清理债权债务，保护债权人和债务人的合法权益”的立法目的相合。因此，对于破产企业来说，物保债权与税收债权的清偿顺位原则上应当适用《企业破产法》的有关规定。

第三，根据《企业破产法》的规定，法院受理破产申请后发生的管理、变价和分配债务人财产的费用为破产费用，因此而产生的税款自然也是破产费

---

① 参见熊伟、王宗涛：《中国税收优先权制度的存废之辩》，载《法学评论》2013年第2期。

② 参见［日］金子宏：《日本税法》，占宪斌、郑林根等译，法律出版社2004年版，第478页。转引自熊伟、王宗涛：《中国税收优先权制度的存废之辩》，载《法学评论》2013年第2期。

③ 参见《税收征收管理法》第37条、第38条、第40条、第44条和第50条。

④ 熊伟、王宗涛：《中国税收优先权制度的存废之辩》，载《法学评论》2013年第2期。

⑤ 王欣新：《破产别除权理论与实务研究》，载《政法论坛（中国政法大学学报）》2007年第1期。

⑥ 最高人民法院物权法研究小组编著：《〈中华人民共和国物权法〉条文理解与适用》，人民法院出版社2007年版，第499页。

用。[①] 同样地，法院受理破产申请后，因管理人或者债务人请求对方当事人履行双方均未履行完毕的合同所产生的债务为共益债务，而因履行该合同所产生的税款当然也是一种共益债务。对于此类税收债权，其应属于破产费用或共益债务，其应当按照《企业破产法》第113条规定的顺位清偿。但如前所述，若上述税款系为实现工程价款优先受偿权或其他担保物权而产生，则其清偿顺位应当优先于工程价款优先受偿权或其他担保物权。

第四，对于其他与工程价款优先受偿权及其他担保物权无关的税收债权，其应当按照《企业破产法》第113条规定的顺位清偿。

因此，建设工程价款优先受偿权与税收债权的清偿顺位是：为实现工程价款优先受偿权而产生的税款（破产费用、共益债务）> 工程价款优先受偿权 > 为实现其他担保物权而产生的税款（破产费用、共益债务）> 设立担保物权的债权 > 破产人欠付的其他税款。

（三）建设工程价款优先受偿权与劳动债权

关于担保物权与劳动债权的顺位，曾有不同观点。一种观点认为，劳动债权只在无担保财产中具有优先受偿的第一顺位，而不应优先于担保物权受偿。劳动债权虽应优先保护，但是，将劳动债权全部放在物权担保债权之前清偿则是不公平的。[②] 另一种观点则认为，劳动债权属于“法定优先权”，所以应将劳动债权置于担保物权之前，即赋予“超级优先的法律地位”，从而从根本上解决破产企业职工劳动工资优先于抵押受偿的问题。[③]

《企业破产法》对此采取了分别处理的办法。根据该法第132条的规定，在该法公布之日前，职工对破产人的劳动债权优先于担保物权清偿；在该法公布之后，担保物权的清偿顺位则优先于职工的劳动债权。[④] 而《企业破产法》

---

① 在广东省高级人民法院（2016）粤民终1942号民事判决书中，法院即认为，拍卖处置债务人财产所产生的增值税税款属于破产费用。

② 参见王欣新：《破产立法中永远的痛——谈债权人保护与对破产企业职工保护的关系》，载《证券时报》2004年11月8日。

③ 参见申卫星：《论优先权同其他担保物权之区别与竞合》，载《法制和社会发展》2001年第3期。

④《企业破产法》第132条规定：“本法施行后，破产人在本法公布之日前所欠职工的工资和医疗、伤残补助、抚恤费用，所欠的应当划入职工个人账户的基本养老保险、基本医疗保险费用，以及法律、行政法规规定应当支付给职工的补偿金，依照本法第一百一十三条的规定清偿后不足以清偿的部分，以本法第一百零九条规定的特定财产优先于对该特定财产享有担保权的权利人受偿。”

于2006年8月27日公布，因此，当前的破产案件中，担保物权的清偿顺位应当优先于职工的劳动债权，由于建设工程价款的优先受偿权优先于一般担保物权，故其当然优先于职工的劳动债权。

（四）预告登记的破产保护效力

受德国物权法的影响，国内通说认为预告登记具有对破产保护的效力，即在相对人陷入破产时，排斥他人而保障请求权发生既定的效果。[①]一般认为，预告登记的破产保护效力表现在以下几个方面：

第一，根据《企业破产法》第18条的规定，对于破产申请受理前成立但未履行完毕的合同，破产管理人享有合同解除权。然而，根据《民法典》第221条的规定，预告登记后，未经预告登记的权利人同意，处分该不动产的，不发生物权效力。因此，一般认为，对于经预告登记的请求权，破产管理人不能随意行使解除权，否则，将使得预告登记旨在实现物权变动的目的落空。[②]

第二，由于破产管理人的解除权受到限制，且预告登记具有排他的保全效力，因此，对于预告登记的房屋是现房的，若购房人已支付完购房款，其可向管理人主张为本登记；若购房人尚未支付完购房款，其可继续支付购房款，进而完成本登记。对于预告登记的房屋是期房的，购房人可以在预告登记所指向的相应期房变价所得范围内优先受偿。[③]

第三，预告登记保全的请求权虽具有一定的排他效力，但其本质属性仍属于债权请求权，不能直接支配将来实现的物权，故在清偿顺位上不能当然优先于物权。对于经预告登记的债权请求权与一般担保物权，一般认为，应当按照“时间优先、权利优先”的原则，来确定权利优先受偿的顺位；[④]对于建设工程价款优先受偿权，由于其优先于一般担保物权，且如前所述，其成立时间应早于房屋的预告登记时间，因此，其清偿顺位应当优先于预告登记

① 参见王宏、王道昌:《不动产预告登记制度初探》,载《法学论坛》2000年第6期。

② 参见李永军:《论破产管理人合同解除权的限制》,载《中国政法大学学报》2012年第6期;庄加园:《预告登记的破产保护效力》,载《南京大学学报(哲学·人文科学·社会科学)》2014年第6期。

③ 参见夏正芳、李荐:《房地产开发企业破产债权的清偿顺序》,载《人民司法(应用)》2016年第7期。

④ 参见庄加园:《预告登记的破产保护效力》,载《南京大学学报(哲学·人文科学·社会科学)》2014年第6期;夏正芳、李荐:《房地产开发企业破产债权的清偿顺序》,载《人民司法(应用)》2016年第7期。

的债权请求权。同时，由于预告登记具有一定的“物权效力”，为保证其保全请求权的实现，其应当具有优先于普通债权的效力。

（五）小结

综上所述，本文认为，在债务人破产时，建设工程价款优先受偿权与各个权利的清偿顺位是：为维护、保管消费者所购房屋而发生的费用 > 消费者购房人的物权期待权 > 为实现工程价款优先受偿权而产生的破产费用、共益债务（含税款）> 工程价款优先受偿权 > 为实现其他担保物权而产生的破产费用、共益债务（含税款）> 设立担保物权的债权及不动产预告登记所涉债权（按登记先后顺序就相应不动产变价所得优先受偿）> 职工劳动债权 > 职工劳动债权以外的社会保险费用及破产人欠付的其他税款 > 普通破产债权。破产财产不足以清偿同一顺序的清偿要求的，按照比例分配。

四、不动产转让后工程价款优先受偿权的实现

前述建设工程价款优先受偿权清偿顺位的讨论，均建立在承包人对建设工程享有优先受偿权的前提之下。若建设工程完成后，其对应的不动产所有权发生转移，承包人是否仍有权行使建设工程价款优先受偿权？对这一问题的回答就涉及建设工程价款优先受偿权的追及效力和物上代位问题，以下分别进行讨论。

（一）建设工程价款优先受偿权的追及效力

物权的追及效力，是指物权成立后，其标的物不论辗转至何人之手，物权人均可以追及标的物之所在，而主张权利。[①]《民法典》第406条即规定了抵押权的追及效力。[②] 建设工程价款优先受偿权本质上也是一种担保物权，但其是否具有追及效力，法律并无明确规定。因此，理论和实践中对此存在不同认识，主要有肯定说、否定说和有限追及说三种观点。

肯定说认为，建设工程价款优先受偿权优于抵押权，故依照“举轻以明重”的类推解释方法，建设工程价款优先受偿权人也能享有追及权，即使标

---

① 梁慧星、陈华彬：《物权法（第六版）》，法律出版社2016年版，第50页。

② 《民法典》第406条第1款规定：“抵押期间，抵押人可以转让抵押财产。当事人另有约定的，按照其约定。抵押财产转让的，抵押权不受影响。”

的物已转让给第三人，但建设工程优先受偿权人仍可就其优先受偿。[①]否定说认为，承包人的优先权只能存在于发包人所有的建筑物或者建设工程上，如果商品房的所有权已转移，承包人的优先受偿权即不存在；[②]由于建设工程价款优先受偿权缺乏登记公示程序，第三人无从知晓建设工程上是否存在承包人的权利，若承认工程价款优先受偿权的追及效力，超过了第三人可预见的范围，对交易安全有重大不利。[③]有限追及说认为，在受让人明知建筑物上附着优先受偿权，或因承包人寻求公权力救济而使工程价款优先受偿权已公示，则建设工程价款优先受偿权具有追及效力。[④]

本文认为，物权的追及效力是物权绝对性的具体体现，但"物权的追及力也是有限的，有偿的善意的取得人，对原物权人有抗辩权，可阻断其追索"[⑤]，否则容易损害第三人的利益。由此，物权公示制度应运而生。物权公示制度既可以限制权利人任意行使物权的追及效力，又具有在肯定物权追及效力的前提下维护交易安全的功能。因此，《民法典》第406条第1款的规定也存在例外，即如果抵押权未进行登记，则不能对抗抵押财产的善意买受人。[⑥]在我国尚未建立起建设工程价款优先受偿权登记制度的情况下，若赋予该权利无限制的追及效力，则必然会损害善意第三人的合法权益，损害交易安全。同时，若该权利基于法律规定或在权利确认和行使过程中能够产生公示效力，则也应肯定其在一定条件下的追及效力。综上，本文原则上赞成有限追及说。关于具备何种条件才能对工程价款优先受偿权产生公示效力，具体讨论如下：

1. 法律的直接规定不能当然产生公示的法律效果

尽管建设工程价款优先受偿权源于法律的直接规定，有一定的公开性，但由于该权利的行使以发包人欠付承包人工程价款为前提，且受到行使期限的

---

① 参见林雪：《〈关于建设工程价款优先受偿权问题的批复〉第2条的解释与适用——以利益衡量为视角》，载《研究生法学》2017年第5期。

② 参见汪治平：《建设工程价款优先受偿权的若干问题》，载《人民司法》2002年第8期。

③ 参见中国建设工程法律评论第四工作组编著：《建设工程优先受偿权》，法律出版社2017年版，第199-202页。

④ 参见万挺、冯小光、张闻：《论附着建设工程价款优先受偿权建筑转让规则》，载《法律适用》2018年第21期。

⑤ 张俊浩主编：《民法学原理》，中国政法大学出版社2000年版，第403页。

⑥ 参见黄薇主编：《中华人民共和国民法典物权编释义》，法律出版社2020年版，第512页。

限制，故第三人未必知晓承包人是否有权就某一特定建筑物行使优先受偿权，也未必知晓承包人是否已经行使了优先受偿权。因此，法律的直接规定并不当然能对优先受偿权产生公示的法律效果，否则，当事人之间的不动产买卖将面临很大的不确定性，从而直接损害交易安全。

当然，如果根据客观事实能够推定建筑物的受让人知道或者应当知道承包人享有工程价款优先受偿权的，则应当赋予优先受偿权追及效力。

2. *优先受偿权确认诉讼本身不足以产生公示效力*

有观点认为，在我国现行法框架下，承包人提起建设工程价款优先受偿权确认诉讼和诉讼保全的方式，可以产生对该权利予以公示的法律效果。①但本文认为，建设工程价款优先受偿权确认诉讼本身尚不足以产生公示效力，理由如下：

首先，对于和承包人、发包人无特定关系的第三人来说，其难以知晓承包人是否提起了优先受偿权确认之诉；即使在判决作出之后，要求第三人从网络（如“中国裁判文书网”）上准确检索相关建筑物和所有权人的诉讼案件也过于苛刻。笔者曾随机选取一家房地产开发企业进行检索，检索到的有关诉讼案件共计700余条，输入“企业名称+建设工程价款优先受偿权”检索到的案件也有7条；要求受让人从纷繁复杂的裁判文书中准确地判断拟受让的建筑物是否存在工程价款优先受偿权纠纷，并以此作为受让人是否善意的标准，可能会使受让人承担过重的注意义务。同时，对第三人来说，其对一审判决书是否生效也难以知晓，二审判决是否会被再审、重审推翻亦有不确定性。况且，不动产受让人的地域分布、受教育水平各有不同，其对网络的接受程度和登录网络的便利程度也有差别，对受让人是否构成善意的认定也存在困难。因此，不宜以承包人是否提起工程价款优先受偿权的确认之诉、裁判文书是否公布来认定受让人是否构成善意。

其次，确认工程价款优先受偿权的方式有多种，包括当事人和解确认、诉讼确认、仲裁确认、调解确认等。如果仅赋予法院的裁判文书以公示的效力，则可能会引导法院的裁判文书效力优于仲裁裁决书、调解书的价值取向，既不利于当事人争议的多元化解决，也与中共中央关于深入推进多元化纠纷解

① 参见万挺、冯小光、张闻：《论附着建设工程价款优先受偿权建筑转让规则》，载《法律适用》2018年第21期。

决机制改革的精神相悖。[①]

最后，最高人民法院要求各级人民法院公布裁判文书的目的，在于落实审判公开原则，促进司法公正，提升司法公信力，[②]而非赋予裁判文书公示的效力，更无意要求交易中的普通当事人承担检索裁判文书的义务。

由此可见，承包人提起工程价款优先受偿权的确认之诉和公布的裁判文书本身并不具有公示的效力。

3. 查封措施可产生公示的法律效果

在承包人提起工程价款优先受偿权的确认诉讼中，承包人可以申请查封涉案不动产；生效裁判作出后，承包人可以申请法院对涉案建筑物强制执行。但实践中，并不能绝对排除登记机关因为疏忽等原因为查封的房屋办理变更登记的情形，[③]所以在分析工程价款优先受偿权的追及效力时，讨论查封措施是否具有公示效力仍有价值。

在诉讼保全民事裁定书和执行裁定书中，一般均会载明“在查封期间，房屋所有权人可以使用被查封的房屋，但不得损毁、转让该房产或在该房产上设置他项权利”等内容。《民法典物权编司法解释（一）》第15条第1款第3项也规定，登记簿上已经记载司法机关或者行政机关依法裁定、决定查封或者以其他形式限制不动产权利的有关事项的，应当认定不动产受让人知道转让人无处分权。可见，在不动产被查封的情况下，拟受让该不动产的第三人应当知道其涉及仲裁或诉讼案件，故应当要求转让人披露所涉案件的具体情况，否则难以构成善意。因此，在建设工程价款优先受偿权确认和行使过程中的查封措施可以产生公示的法律效果。在“盘锦鑫诚实业集团有限责任公司与大连筑成建设集团有限公司案外人执行异议之诉再审案”中，最高人民法院也认为，生效执行裁定及登记机关的查封登记，当然具有公示效力，故

---

① 《中共中央关于全面推进依法治国若干重大问题的决定》中规定：“健全社会矛盾纠纷预防化解机制，完善调解、仲裁、行政裁决、行政复议、诉讼等有机衔接、相互协调的多元化纠纷解决机制。”

② 《最高人民法院关于人民法院在互联网公布裁判文书的规定》中规定：“为贯彻落实审判公开原则，规范人民法院在互联网公布裁判文书工作，促进司法公正，提升司法公信力，根据《中华人民共和国刑事诉讼法》《中华人民共和国民事诉讼法》《中华人民共和国行政诉讼法》等相关规定，结合人民法院工作实际，制定本规定。”

③ 参见最高人民法院民事审判第一庭编著：《最高人民法院物权法司法解释（一）理解与适用》，人民法院出版社2016年版，第385页。

第三人受让包括被查封房产在内的在建工程，知道或者应当知道涉案在建工程上所附着的建设工程价款优先受偿权。[①]

综上所述，本文将建设工程价款优先受偿权的追及效力规则总结如下：

1. 对于已办理所有权变更登记的消费者不能追及。根据《优先受偿权问题的批复》第2条保护消费者居住权的立法精神以及“举轻以明重”的类推解释方法，可得出已办理所有权变更登记的第三人的所有权优先于建设工程价款优先受偿权。[②]

2. 对于承包人已提起确认优先受偿权的诉讼或仲裁程序，且采取了查封标的物的保全措施的，或就生效裁判文书申请执行的，查封措施可对优先受偿权产生公示效力，此时，承包人的建设工程价款优先受偿权具有追及效力。[③]

3. 建设工程的受让人知道或者应当知道承包人就工程价款享有优先受偿权的，该优先受偿权具有追及效力。由于建设工程价款优先受偿权源于法律的直接规定，只要受让人明确知道发包人欠付承包人工程款的事实，就有义务进一步了解工程价款优先受偿权的行使期限等具体情况，否则，宜推定其存在过错。实践中，还有的发包人将建设工程转让给自己的关联公司，以规避承包人就折价、拍卖该工程的价款优先受偿。对此，也宜推定受让该建设工程的关联公司不是善意第三人，从而肯定建设工程价款优先受偿权的追及效力。

4. 对于承包人未采取查封保全措施或未申请执行，且受让人不知道或者不应当知道承包人享有工程价款优先受偿权的，因无法产生对工程价款优先受偿权的公示效力，故宜认定该优先受偿权不具有追及效力。

（二）建设工程价款优先受偿权的物上代位性

担保物权属于“价值权”，其侧重的是对担保财产交换价值的支配，只要交换价值依然存在，至于承载该交换价值的标的物的样态和性质如何，在所不问，担保物权的效力依然及之。这就是担保物权的一项重要属性物上代位

① 参见最高人民法院（2018）最高法民申1281号民事裁定书。

② 参见林雪：《〈关于建设工程价款优先受偿权问题的批复〉第2条的解释与适用——以利益衡量为视角》，载《研究生法学》2017年第5期。

③ 参见万挺、冯小光、张闻：《论附着建设工程价款优先受偿权建筑转让规则》，载《法律适用》2018年第21期。

性。[①]《民法典》第390条即规定，担保物权人可以就获得的保险金、赔偿金或者补偿金等优先受偿。[②]

关于《民法典》第406条第2款的规定是否为担保物的价金物上代位，[③]存在不同观点。有观点认为，因该款未规定抵押权人对价款享有优先受偿权，故该款并未承认价金物上代位制度。[④]也有观点认为，该款对价金物上代位效力的条件作出了规定，即规定了价金物上代位制度。[⑤]

本文认为：首先，从该条款的沿革来看，其源于《物权法》第191条的规定，[⑥]并在该条基础上对抵押人提前清偿债务或提存的条件进行了限制。其实质是受让人代为向抵押权人偿还了债务消灭了抵押权，[⑦]这与《日本民法典》第378条规定的价金物上代位权是一致的。[⑧]其次，从该款规定的内容来看，虽然其未明确规定抵押权人对转让价款有优先受偿权，但“提前”清偿债务的表述意味着抵押权人对转让价款的偿付具有优先性，而提存也具有终止当

---

① 参见程啸：《担保物权人物上代位权实现程序的建构》，载《比较法研究》2015年第2期。

② 《民法典》第390条规定：“担保期间，担保财产毁损、灭失或者被征收等，担保物权人可以就获得的保险金、赔偿金或者补偿金等优先受偿。被担保债权的履行期限未届满的，也可以提存该保险金、赔偿金或者补偿金等。”

③ 《民法典》第406条第2款规定：“抵押人转让抵押财产的，应当及时通知抵押权人。抵押权人能够证明抵押财产转让可能损害抵押权的，可以请求抵押人将转让所得的价款向抵押权人提前清偿债务或者提存。转让的价款超过债权数额的部分归抵押人所有，不足部分由债务人清偿。”

④ 参见最高人民法院民法典贯彻实施工作领导小组主编：《中华人民共和国民法典物权编理解与适用（下）》，人民法院出版社2020年版，第1093页。

⑤ 参见江必新主编：《民法典重点修改及新条文解读（上册）》，中国法制出版社2020年版，第75页。高圣平等也持相同观点，参见高圣平、叶冬影：《民法典动产抵押物转让规则的解释论》，载《比较法研究》2020年第4期。

⑥ 《物权法》第191条规定：“抵押期间，抵押人经抵押权人同意转让抵押财产的，应当将转让所得的价款向抵押权人提前清偿债务或者提存。转让的价款超过债权数额的部分归抵押人所有，不足部分由债务人清偿。抵押期间，抵押人未经抵押权人同意，不得转让抵押财产，但受让人代为清偿债务消灭抵押权的除外。”

⑦ 参见全国人大常委会法制工作委员会民法室编：《中华人民共和国物权法条文说明、立法理由及相关规定》，北京大学出版社2017年版，第395-396页。

⑧ 一般认为，《日本民法典》既承认抵押物的追及力，又认可对其价款上成立物上代位权。《日本民法典》第378条规定：“就抵押不动产买受所有权或者地上权的第三人，应抵押权人的请求清偿其代价后，抵押权因该第三人而消灭。”《日本民法典》，刘士国、牟宪魁、杨瑞贺译，中国法制出版社2018年版，第74页。

事人债权债务的法律效果，他人无法就提存的价款受偿。因此，《民法典》第406条第2款实质上是确立了价金物上代位的规则。

对于建设工程价款优先受偿权而言，基于其担保物权的法律属性，应当承认其物上代位性，具体可以类推适用《民法典》第390条、第406条第2款的规定。有学者也认为，为了平衡承包人与受让人的权利，根据物上代位的原理，承包人可在发包人转让工程项目取得的价金上行使其优先受偿权。①

关于担保物权的追及效力与物上代位性的关系，有学者考察，从各国立法来看，在肯定了担保物权物上代位性的领域，一般否定追及力的进入；而在物上代位性效力未及之处，追及效力总是能弥补其缺陷，二者紧密配合，在保障交易安全的前提下，共同维护担保物权人的利益。② 同时，相较于担保物权的追及效力，在发包人不诚信的情况下，物上代位权的实现难度较大。因此，在建设工程价款优先受偿权具有追及效力的场合，应优先适用物权的追及效力来实现承包人的优先受偿权；只有在追及效力无适用余地时，才适合适用物权的物上代位性来实现承包人的优先受偿权。当然，在建设工程存在毁损、灭失或者被征收的情形时，以物权的物上代位性来实现承包人的优先受偿权自无疑问，司法实践对此也予以了肯定。③

五、结论与建议

在学者研究的基础上，本文根据当前法律、司法解释和有关规范性文件的规定以及司法实践，对建设工程价款优先受偿权与其他权利的清偿顺位作了较为全面的梳理，并提出了自己的见解。同时，结合建设工程价款优先受偿权的担保物权属性，对不动产转让后该优先受偿权的追及效力和物上代位性进行了探讨。

需要注意的是，本文的讨论主要是基于解释论的角度而展开的。随着《保障农民工工资支付条例》等法律法规的施行，建筑市场信用管理制度、农民

---

① 参见马永龙、李燕：《建筑工程价款优先受偿权法律适用问题探析——从担保法的视角出发》，载《现代法学》2003年第6期。

② 参见温世扬、廖焕国：《论抵押权物上代位性与物上追及力之共容》，载《法学》2001年第6期。

③ 参见北京市高级人民法院（2017）京民终786号民事判决书，浙江省高级人民法院（2019）浙民申1791号民事裁定书。

工工资支付担保制度、农民工工资专用账户制度、总包单位先行清偿制度、总包单位代发农民工工资制度等逐步建立，这也标志着我国保障建筑行业农民工工资支付的“立体措施”已基本形成。在这种情况下，是否有必要将以保护承包人利益为主要目的且未经登记公示的建设工程价款优先受偿权的清偿顺位规定得如此之高？这的确是一个值得进一步研究的问题。当然，根本的解决之道还是要建立建设工程价款优先受偿权的登记公示制度，以更清晰地明确各种权利竞合时的清偿顺位，更好地维护交易安全。

碳排放权交易合同法律风险识别与预防

高 原 黄 瑞*

● **摘 要**

本文结合相关交易实践和立法现状，梳理碳排放权交易合同的类别及法律关系，结合碳排放权交易的特点提出对合同法律风险的识别，并重点针对法律风险的预防，包括合同约定及履行注意事项，择要提出若干建议。

● **关键词**

碳排放权交易合同　碳排放权交易　法律风险

Abstract: Based on carbon emission rights trading practices and relevant legal stipulations, this paper analyzed different types and legal relationship of contracts relating to Chinese carbon emission transaction and pointed out the identification of legal risks of typical transaction contracts as well as the legal risks prevention including some specific suggestions on contractual provisions and performance thereof.

Key Words: carbon emission rights transaction contract, carbon emission rights trading, legal risks

---

* 高原，北京绿色交易所碳交易中心高级经理；黄瑞，中国通用咨询投资有限公司原总法律顾问，北京仲裁委员会/北京国际仲裁中心仲裁员。

一、问题的提出

本文议题是以近年碳排放权交易市场政策背景及发展前景的飞速变化为基础而提出的。针对碳排放权交易属于较新领域的特点，先择要回顾最新行业发展背景：

1. 碳达峰、碳中和愿景促使碳排放权交易再提速

2020 年 9 月 22 日，习近平主席在第七十五届联合国大会一般性辩论上宣布，中国将提高国家自主贡献力度，采取更加有力的政策和措施，二氧化碳排放力争于 2030 年前达到峰值（以下简称碳达峰），努力争取于 2060 年前实现碳中和（以下简称碳中和）。这一富有雄心的重大宣示，既是我国为积极应对全球气候变化，在《巴黎协定》框架下对全球环境治理作出的庄重承诺，又是我国贯彻新发展理念、推动高质量发展的必然要求，在加速我国经济和能源转型、促进经济社会可持续发展方面具有深远的战略意义。

2021 年 2 月 2 日，为建立健全绿色低碳循环发展的经济体系，确保实现碳达峰、碳中和目标，推动我国绿色发展迈上新台阶，国务院发布实施了《关于加快建立健全绿色低碳循环发展经济体系的指导意见》，提出到 2035 年碳排放达峰后稳中有降等主要目标，部署完善法律法规政策体系，要求培育绿色交易市场机制，包括进一步健全碳排放权交易机制，降低交易成本，提高运转效率，加快建立初始分配、有偿使用、市场交易、纠纷解决、配套服务等制度。

2021 年 3 月 11 日，全国人大通过《国民经济和社会发展第十四个五年规划和 2035 年远景目标纲要》，指明 2035 年远景目标包括碳排放达峰后稳中有降，并在健全现代环境治理体系规划中，提出推进碳排放权市场化交易。

2021 年 3 月 15 日，习近平主持召开中央财经委员会第九次会议，研究实现碳达峰、碳中和的基本思路和主要举措，指出“十四五”是碳达峰的关键期、窗口期，要重点做好包括加快推进碳排放权交易，积极发展绿色金融在内的多项工作。

如上所述，中国关于碳达峰、碳中和愿景以及紧随其后、自上而下密集出台[①]系列配套措施，无疑为中国实实在在、深入广泛地向绿色低碳发展理念和

① 2021 年 3 月 30 日生态环境部办公厅公布《关于公开征求〈碳排放权交易管理暂行条例（草案修改稿）〉意见的通知》，显示酝酿数年的条例立法取得里程碑式进展。

发展方式的转变，按下了快进键。碳排放权交易作为利用市场化手段助推以电力为代表的高排放行业实现低碳转型的制度工具，以及帮助各行各业实现“净零排放”的有效手段，其重要性不言而喻。在党和国家关于碳达峰、碳中和的工作部署中，均强调要加快碳排放权交易。因此，从举国重视、全力推进绿色低碳发展转型的系列重大举措来看，碳排放权交易提速势在必行。

2. 碳排放权交易继续七省市试点与全国行业市场并行格局

从碳排放权交易实践来看，自2011年起，我国在北京、上海、天津、重庆、深圳、广东和湖北七省市（以下简称七省市）开展试点工作，自2013年起试点碳市场陆续启动交易。七个试点碳市场根据当地经济发展、产业结构、能源消费、温室气体排放等特点，纳入不同行业，划定不同管控门槛，积累了碳市场管理和碳排放权交易的经验，也形成了较稳定的当地碳交易市场。

2017年12月18日，国家发展改革委发布《关于印发〈全国碳排放权交易市场建设方案（发电行业）〉的通知》，标志着启动全国碳市场建设。该通知将发电行业年度排放达到2.6万吨二氧化碳当量及以上的重点排放单位，纳入全国碳市场统一管理。2021年是全国统一碳市场的第一个履约（履行减排义务）[①]周期，共涉及2225家年排放量在2.6万吨二氧化碳当量及以上的发电行业重点排放单位。除发电行业外，按照国家主管部门的安排和部署，未来钢铁、水泥、石化、航空等行业也将逐步纳入全国碳排放权交易体系。

目前，七省市试点碳市场和全国发电行业碳市场处于分别并行的过渡时期。可以看出，多市场并行的格局在发挥市场运行稳定和有效经验得以传承优势的同时，也天然附带了市场间相对区隔并存及交易成本和风险较高的特点。

3. 碳排放权交易配套机制和政策立法同步探索中

与传统的市场交易需求源自生产生活现实、交易标的和交易方式等实践自下而上地自发先行先试、相关立法规范在后总结和平衡取舍的通例不同，碳排放权交易从碳排放配额（以下简称碳配额）的分配与登记，到交易品种、交易方式、管理规范、交易促进、监督处罚等相关配套机制的建立、优化和政策动态调整，与碳排放权交易的立法及完善均同步而行、交互影响。这就带来碳排放权交易政策性强的天然特征，反映到交易风险中表现出市场风险、

① 见《国家发展改革委关于印发〈全国碳排放权交易市场建设方案（发电行业）〉的通知》在“（三）任务目标”中对“履约”用词的注解。

政策风险、法律风险相互裹挟、紧密联动的特点，从而有别于传统市场中市场、政策、法律风险相对平行或仅仅稍加交叠的情况。

与国家推动碳排放权交易的部署步调相一致，政策和立法反映了从七省市试点到全国市场探索的快速进程。2011 年 10 月 29 日，为落实“十二五”规划关于逐步建立国内碳排放交易市场的要求，《国家发展改革委办公厅关于开展碳排放权交易试点工作的通知》正式开启七省市的碳排放权交易试点。2012 年 6 月 13 日，《国家发展改革委关于印发〈温室气体自愿减排交易管理暂行办法〉的通知》（发改气候〔2012〕1668 号）（以下简称 1668 号文）发布实施。2014 年 5 月 15 日，《国务院办公厅关于印发 2014—2015 年节能减排低碳发展行动方案的通知》提出研究建立全国碳排放权交易市场。2014 年 12 月 10 日，国家发展改革委发布《碳排放权交易管理暂行办法》，① 于 2015 年 1 月 10 日实施（以下简称 2015 管理办法）。同期，七省市发布实施当地碳排放权交易相关政策和立法。2020 年 12 月 31 日，生态环境部发布《碳排放权交易管理办法（试行）》，于 2021 年 2 月 1 日实施（以下简称 2021 管理办法，与 2015 管理办法合称管理办法），标志着全国统一碳市场发展进入新阶段。

自 2011 年开展七省市试点开始计算，碳排放权交易相关准备和实践仅约 10 年。由此也可以理解，碳排放权交易合同的法律风险管理，特别是合同争议解决，尚处于非常初期的探索阶段。事实上，尽管最高人民法院对于绿色发展相关司法保障早有部署，也认为还需要深入研究碳排放权交易中的法律问题。②

从上述简要回顾总结碳排放权交易发展的背景和前景不难看出，一方面，在“30 · 60”碳达峰、碳中和愿景下，中国碳排放权交易与其他绿色低碳发展的综合举措势必加速进行，这就意味着政策的激励和市场体量理论上激增概率较大，而交易都是依托一个个合同进行，这必然带来碳排放权交易合同

① 国家发展改革委发布的《关于废止部分规章和行政规范性文件的决定》将该办法于 2021 年 4 月 1 日废止。

② 《最高人民法院关于充分发挥审判职能作用为推进生态文明建设与绿色发展提供司法服务和保障的意见》（法发〔2016〕12 号）提出，深入研究碳排放交易中的法律问题，妥善审理碳排放交易纠纷，推动建设全国统一的碳排放交易市场。

类型、数量、规模的变动加剧，仅因交易合同体量的速增就可能对相关合同风险管理形成新的挑战。另一方面，七省市试点和全国市场在过渡期并行的格局，以及市场建设、完善和政策、立法同步探索推进的现实，必然叠加政策繁复、变化速度快等加剧复杂变量的新风险。然而，在时间有限、积累有限、约束条件难以改变的现实情况下，碳排放权交易加快进行的趋势已经形成，在社会发展向绿色低碳方向转型的历史发展机遇面前，市场主体的逐利冲动将演化为一个个现实交易。如何对此类交易合同进行法律风险管理，以避免预期利益落空或得不偿失，是市场主体应否以及如何开展交易的现实问题。

本文将结合笔者在碳交易和法律实践工作中的经验，梳理交易合同的类别和法律关系，着重针对碳排放权交易特点，提出对合同法律风险的识别与预防，包括关于合同约定及履行注意事项的建议。

二、碳排放权交易合同的主要类别

在具体分析相关法律风险识别与预防之前，有必要先明晰作为讨论基础的碳排放权交易合同的类别及相关法律关系。

结合实践情况看，可以从不同维度讨论碳排放权交易合同的类别。广义而言，与碳排放权相关的合同，包括与碳排放权履约配额清缴相关的排放量核查服务、国家核证自愿减排量（CCER）开发服务、碳交易信息服务、碳中和咨询、碳市场进场交易等专业服务，以及与碳排放权投融资、担保、衍生品等相关的全部交易合同，都可以纳入广义的碳排放权交易合同。

狭义而言，碳排放权交易合同则主要限于以管理办法界定的、以碳配额和 CCER 为合同交易标的的合同。本文以下主要讨论狭义碳排放权交易合同的类别及相关法律关系。

1. 按照交易产品划分

2021 管理办法第 20 条规定，全国碳排放权交易市场的交易产品为碳排放配额，生态环境部可以适时增加其他交易产品。此前，2015 管理办法第 18 条规定，碳排放权交易市场初期的交易产品为排放配额和国家核证自愿减排量，适时增加其他交易产品。现实中，全国性碳排放权交易市场正在加紧建设；七省市实际交易品种有二：一是碳配额，二是 CCER。所以，如果按照交易产品划分，碳排放权交易合同主要包括针对这两个交易品种的合同。

顺便指出，国家发展改革委自 2017 年 3 月起，暂缓依据 1668 号文受理国家核证自愿减排量备案申请，相应影响的是该交易产品的市场增量。此前已经完成备案注册登记的存量，依法具有碳排放履约清缴的抵销效用，也依然是七省市试点碳市场的交易品类。相应地，目前，碳配额交易合同与CCER交易合同在碳市场中同时并存。

2. 按照交易方式划分

与通常商品相比较，碳配额和CCER均属于新型的、依据法规制度创设、登记于权利主体名下的交易品种。与之配套的是法规制度规定碳排放权交易都需要进入依法设立的交易所（以下简称进场）进行交易，并经由法定程序对交易实现后的权属进行变更登记，以完成碳配额和/或CCER（以下简称交易产品）在不同交易主体之间的流转。

从进场交易的具体方式上，碳排放权交易合同可分为线上公开交易和线下协议转让达成两类合同。线上公开交易，是指交易参与人通过交易所电子交易系统，发送申报/报价指令参与交易的方式。线下协议转让，是指符合规定的交易双方，通过签订交易协议，并在协议生效后到交易所办理交易产品交割与资金结算手续的交易方式。

3. 按照交易关系划分

就进场交易合同的法律关系而言，结合目前实际交易种类、金额和数量的主要情况，可以将碳排放权交易合同划分为现货买卖合同与其他交易合同。

现货买卖合同，是指出卖人将其名下登记的交易产品出售给买受人的合同。该类合同在目前碳排放权交易市场中占据主要份额。与前两种交易合同分类相组合，现货买卖合同又可以分为线上或线下交易达成的，针对碳配额或CCER的不同买卖合同。

其他交易合同，则是指除现货买卖合同以外的各种交易合同，包括实践探索中的交易产品质押担保合同，也包括以交易产品在一个交易中做出售及回购安排、以达到短期融资的复合型交易合同。除买卖关系之外，其他交易合同因具体交易内容不同，可能涉及担保、投资、融资等其他法律关系。实践中，以交易产品为标的，一方在以约定价格出售的同时，约定在未来约定日期以另一约定的价格进行等量回购的回购交易，也受到欢迎。

此外，基于对交易产品市场价值预期的不同判断，实践中已经出现将进场现货买卖交易，纳入未来一揽子更大交易组成部分的复杂交易合同，例如购买权交易合同，其交易关系往往包括进场前权利义务及进场实施最终交易产品过户等多个阶段一揽子交易的范围、权利、义务、风险及责任。这种复杂交易的初始合同中，往往包含后续再签订进场现货买卖合同的内容，形成履约过程中由指定主体再签订并履行具体现货买卖合同的连环或群组合同关系。

三、合同法律风险识别

笔者以狭义的碳排放权交易合同为分析对象，着重结合碳排放权交易（以下简称碳交易）的特点，从以下几个方面讨论合同法律风险识别①。

1. 交易主体风险

碳排放权交易合同主体风险，主要包括交易资格和主体信用两方面风险。从法律风险识别角度看，交易主体首先应具有交易资格，或者说是适格的交易主体，否则，可能面临无法开户交易、被处以限制交易等风险。2021 管理办法第 21 条规定，重点排放单位以及符合国家有关交易规则的机构和个人，是全国碳排放权交易市场的交易主体。2015 管理办法第 19 条规定，重点排放单位及符合交易规则规定的机构和个人，均可参与碳排放权交易。七省市自 2013 年开展碳排放权交易以来，按照各试点管理办法，交易主体为重点排放单位及符合条件的其他企业（单位），部分试点也允许个人参与交易。

另，值得注意的是，CCER 现已申请成为国际民航组织（ICAO）推动形成的全球性行业减排市场机制——国际航空碳抵消和减排计划（CORSIA）所认定的六种合格碳减排机制之一。② 未来其交易有可能面向境外航空公司或投资者开放，届时，可能针对境外交易主体出台一定的资格类要求，这也是相关交易必须关注并首先识别的法律风险。

此外，交易主体的信用风险，包括其在交易之前以及签约、履约过程中的风险，也属于相关当事人应动态识别并适时采取相应措施的范围。除通常

---

① 限于篇幅，本文不再就合同通常法律风险的识别内容展开讨论。

② 2018 年 6 月，国际民航组织理事会通过了《国际民用航空公约》附件 16 第 IV 卷，其中载有实施国际航空碳抵消和减排计划的标准和建议措施。2020 年 3 月，国际民航组织第 219 届理事会审议通过了其技术咨询小组出具的关于 CORSIA 合格碳减排机制的评估报告，包括 CCER 在内的 6 种减排机制被认可在 CORSIA 试点期内（2021—2023 年）为其提供减排指标。

应关注的是否正常经营、偿债能力、是否面临重大诉讼纠纷等信用风险之外，就碳交易而言，在可能的情况下，买受人应通过政府和司法信息公开等渠道，及时关注交易对方是否存在碳配额相关处罚和法律责任等可能造成对交易合同履约能力影响的事件和信息。

2. 交易条件风险

因碳交易产品虚拟化的特点，实现交易目的必须具备相应的交易条件。对于任何碳排放权现货买卖合同，交易是否具备基础条件，以及相应能否实现交易产品的权属流转，必须具备三个账户条件。具体而言，我国碳排放权交易要求必须在指定交易所内进场交易，如果不通过交易所则无法实现交易标的交付划转，资金安全也无法得到保障。因此，在碳排放权交易过程中，参与方无论买卖碳配额还是 CCER，都需要有以下三类账户：一是注册登记账户，二是交易账户，三是资金结算账户。

注册登记账户由国家或试点碳市场主管部门（或其指定的专门机构）负责开立、管理，用于记录碳配额或 CCER 的持有、转移、清缴履约和注销等情况。交易账户由交易所负责开立、管理，用于实现交易撮合、交易标的交付划转、资金清算指令发送、信息查询等功能。资金结算账户由指定结算机构或银行负责开立、管理，按照货银对付的原则，用于按照交易系统的交易指令对资金进行清算交收。

这三类账户彼此连通，缺一不可。以北京碳交易试点为例，交易主体参与北京试点碳市场配额交易，须开立北京绿色交易所碳交易账户、北京市碳排放权注册登记簿账户和北京登记结算账户；交易主体参与 CCER 交易，须开立北京绿色交易所碳交易账户、国家自愿减排交易注册登记系统账户和北京登记结算账户。

如前所述，碳配额或 CCER 买卖合同一般指线下协议转让方式中双方协商订立的书面合同。如果碳配额或 CCER 买卖合同签订主体因对政策或交易规则不了解，在任一方甚至双方缺少以上三类账户中的任一类甚至全部账户的情形下签订买卖合同，则该买卖合同无法在交易所实现标的物交割或资金划转，换言之，买卖合同无法实际履行，合同目的也无法实现，双方至少损失了就该合同订立协商所付出的时间与人力成本。

如果其中一方出于欺诈等目的，有意隐瞒交易资质和账户开立等要求，恶意与对方订立买卖合同，则在该买卖合同目的无法实现之余，合同相对方还可能落入圈套、产生财产损失。[①]

3. 交易标的风险

交易标的风险主要是指，由于对交易标的的适用范围及有效期等认识错误而发生无法进行交易或无法实现交易目的进而造成财产损失的风险。这里的交易标的适用范围认识错误，既包括对碳配额适用地域范围、时间范围的认识错误，也包括对CCER在减排项目类型、产生时间、抵销比例等方面有关抵销政策的认识错误。交易标的风险是诸多法律风险争议甚至案件的重要起因，也是对碳排放权交易政策性特点的集中反映，需要交易主体在决策和签约履约全程均给予充分重视。因两个交易产品的具体风险随其产生、特点和效用不同，存在较大区别，所以有必要进行分别说明。

（1）碳配额

碳配额作为强制市场交易标的，在试点阶段由当地政府主管部门逐年分配给纳入碳交易体系的重点排放单位，碳配额具有地域性，仅用于当地履约清缴使用；全国统一碳市场启动后，纳入其中的发电行业重点排放单位，可跨行政区域交易全国配额。举例说明，2013年至今，北京、上海、天津、深圳、湖北、广东、重庆七个碳交易试点，碳市场主管部门向各自行政区域内重点排放单位发放本地碳排放权配额（分别名为BEA、SHEA、TJEA、SZA、HBEA、GDEA、CQEA），虽然1个配额均代表1吨二氧化碳排放量［单位以"吨二氧化碳当量（tCO_2e）"计］，但是仅可在各自区域内指定交易所进行交易，并在各自行政区域内独立的碳排放权注册登记簿进行履约清缴，各试点配额的价格彼此独立、互不影响、各不相同。

在碳配额使用地域范围方面，通过各试点持续多年的碳市场参与主体能力建设，试点内部的重点排放单位对于各自持有的配额互不流通已有清楚的认识。但是对于一些非试点地区的投资主体来说，如果不能深入了解各试点配额互不流通的特点，只关注到不同试点之间配额价格存在差异而意图低买高卖套利，则其合同目的必然无法实现。同时，还应注意，虽然全国统一碳

① 实践中已出现以"碳汇交易"名义开展的非法传销活动等，并已受到司法制裁。参见"刘某林、杨某军、赵某姣、李某成组织、领导传销活动二审刑事裁定书"，案号（2019）湘09刑终226号，载中国裁判文书网，https://wenshu.court.gov.cn/website/wenshu/181107ANFZ0BXSK4/index.html?docId=e2e8d2ea305b417d9017aad800a38a30，最后访问时间：2021年3月26日。

市场启动后，全国配额是跨区域流通的统一标的物，将在全国统一的交易所、运用统一的交易规则、使用统一的交易系统、实现统一的产品价格；但是，全国统一碳市场在第一阶段仅纳入了发电行业，七个碳排放权交易试点除发电行业外还包括钢铁、水泥、石化、服务业等行业并将继续运行。因此，今后一段时间内我国碳市场将并存全国碳配额和七试点碳配额，共计八种碳配额产品。如果碳配额交易合同签订主体不能清楚地认识到八种碳配额产品之间的区别，则很有可能产生投资判断失误、遭受经济损失。

在碳配额使用时间范围方面，目前各试点碳市场都尚未设置时间限制，即对重点排放单位历史履约年中未使用的配额不设作废时限，可以留存至后续履约年进行抵销清缴或出售；对投资机构持有的试点碳配额也未设作废时限。但是也有例外情况，例如，北京试点碳市场2020年出台政策，规定“2020年退出的重点碳排放单位持有的配额仍可在本市碳市场进行交易，有效期至2022年12月31日。有效期结束后，账户内配额自动失效”[①]，类似这样的规定十分值得关注。随着全国碳市场启动，尤其是原试点碳市场中的发电行业重点排放单位从试点进入全国碳市场，其既有配额的使用时限大概率会受到影响。如果配额交易合同签订主体没有关注到相关配额使用时限的政策规定，与持有即将到期配额的对方签订买卖合同甚至是远期、掉期、回购交易合同，则很可能遭受经济损失。

（2）国家核证自愿减排量（CCER）

CCER作为自愿减排市场上基于项目产生的减排量，其交易在试点阶段不受地域限制，但需在国家发改委指定的九家交易机构内交易；[②]全国统一碳市场启动后，根据2021管理办法第29条的规定“重点排放单位每年可以使用国家核证自愿减排量抵销碳排放配额的清缴，抵销比例不得超过应清缴碳排放配额的5%”，CCER未来仍将作为配额抵销产品、存在抵销碳配额用于清缴履约的效用，在碳市场上依然具有流转交易的价值基础。

---

① 《北京市生态环境局关于做好2020年重点碳排放单位管理和碳排放权交易试点工作的通知》，京环发〔2020〕6号。

② 国家发改委指定的九家交易机构为：北京环境交易所（现更名为北京绿色交易所）、天津排放权交易所、广州碳排放权交易所、上海环境能源交易所、深圳排放权交易所、湖北碳排放权交易所、重庆碳排放权交易中心、四川联合环境交易所及海峡股权交易中心。

试点阶段，虽然CCER这一产品不受地域限制，在全国统一的国家自愿减排交易注册登记系统内记录其持有、转移和注销等情况，但其最重要的使用途径是用于各试点重点排放单位抵销配额清缴履约。因此，不同试点在抵销比例、项目地域、项目类型和减排量产生时间等方面具体规定的差异，直接影响市场的供需，进而导致CCER在不同试点的价格有较大差异。如果CCER交易合同签订主体没有关注并深入了解各试点地区有关CCER抵销使用的不同规定与限制，[①] 盲目追求低价，则很有可能购入无法用于部分甚至所有试点履约抵销的CCER，或无法实现履约抵销的目的，或导致很难转手出售遭受经济损失。

此外，因该交易产品受政策影响大，随着不同试点区域在本地区对抵销政策的调整，包括抵销比例、项目类型、项目计入期、可使用CCER抵销碳配额的重点排放单位类别等，都可能随之引发试点市场中CCER较大的价格波动或预期变化，从而引发交易决策或履约对策变动，甚至连锁反应导致系列违约事件。

4. 支付方式风险

碳排放权进场交易中，合同支付方式通常为一次性全款支付，具体操作是由买受人将合同价款及交易手续费提前转入与交易系统连接的资金结算账户，由交易所居中按照交易双方合同约定，操作发送交易产品与资金清算同步交付划转指令，以此避免出卖人的交易产品交付与买受人实际付款至出卖人的风险。

目前，随着碳交易的发展及交易主体需求的多元化，在全款支付方式之外，有的碳交易试点地区在实践中出现“保证金交易”[②]，即买受人仅支付部分价款即可先行取得交易产品。在此类交易合同项下，对于出卖人可能发生支付方式风险，即由于买受人后续支付能力或支付意愿变化，在获得交易产品之后不按时付清合同价款，给出卖人造成钱货两空及额外索赔维权的风险。

实践中，碳排放权交易合同签订双方可能由于在长期合作中形成了较为复杂的合同关系，或涉及多个交易、互为甲乙方，或涉及CCER前期项目及

---

① 黄瑞、高原等:《碳排放权交易规则及合同争议解决》，法律出版社2020年版，第15页。

② 保证金交易中的“保证金”，并不准确对应于法律意义上的保证、抵押、质押、定金等担保概念，一般是指买受人先交付部分资金用于在全款付清前先行划转取得交易产品。

减排量开发、约定开发完成后优先购买等原因，买受人出于对出卖人的信任或多重合作关系约束，愿意签订保证金交易协议转让合同，这也是保证金交易这一“风险敞口”的交易方式在合同双方意思自治条件下得以存在的原因。但是这一交易方式使得资金监管脱离交易所保障范围，出卖人财产损失风险现实存在，司法实践中已有相关合同纠纷案例。[①]

5. 交易落空风险

如上所述，碳交易的现货买卖合同，在进场交易、交易所整套交易规范以及三类账户管理背景下，对于买受人而言几乎不存在交易产品落空的风险。实践中，交易主体在现货买卖合同之外，还结合个性化的使用需求或市场价值判断，衍生出多种非现货买卖交易或者现货买卖与未来买卖相结合的交易。在这样的交易安排中，涉及未来交易产品买卖的非现货交易合同中，对于买受人就存在多种原因可能影响交易标的不能及时落实从而导致交易落空的风险。回购交易是其中市场需求较为活跃的一种典型交易方式。

回购交易属于利用碳资产融资的一种创新交易方式，具体是指出卖人以约定价格向买受人卖出碳配额或 CCER，并约定在未来某一日期，按照另一约定价格（通常略高于卖出价格）从买受人处购回碳配额或 CCER 的交易行为。回购交易包括初始交易和购回交易：初始交易中，出卖人通过出售碳资产获得短期资金融通，买受人获得的碳资产可自行处置（放置或在市场出售并于回购日前再次购入）；回购交易中，买受人（原出卖人）回购碳资产用于履约，出卖人（原买受人）以高于原价格回收资金。

实践中，回购交易中初始交易的出卖人多为有短期融资需求、手中持有大量碳资产的重点排放单位，初始交易的买受人则是有碳资产投资需求、可提供专业碳资产管理服务的投资机构。通过这种交易方式，双方各自获得所需资金和碳资产，对于盘活碳资产、降低企业融资成本、提高市场流动性等具有很好的促进作用。通常，交易所会尽力在回购交易的风险控制方面提供管理和服务，例如：北京绿色交易所对碳排放配额回购融资交易，实行逐笔全额非担保结算，并要求合同双方就买受人或出卖人出现账户异常、财务和

① 参考微碳案例〔案号（2020）粤 01 民终 23215 号〕，载中国裁判文书网，https：//wenshu.court.gov.cn/website/wenshu/181107ANFZ0BXSK4/index.html?docId=321275f91f114ecd9ef8aca30016fb5a，最后访问时间：2021 年 3 月 26 日。

信用状况恶化等“异常情况”的处理作出约定；但是，由于回购交易涉及两个分开的买卖操作，其中间隔数月，确有可能出现合同一方或双方账户异常、财务状况恶化等情况。如果融资需求一方在回购交易时无法履行合同约定，则其自身面临损失配额或CCER无法履约的风险，对方则面临资金损失；反之亦然。

除了上述列出的碳交易特色的合同法律风险之外，通常交易合同所应关注的风险，当然也存在于碳交易主体开展交易决策、合同磋商签订及履行过程中。就法律风险的后果来看，一般体现为一方或多方主体违约，导致其他交易主体合同权益可能受损；也有的体现为合同效力问题，或者履行障碍等造成合同目的落空、合同解除等问题，进而导致多方权益受损等。就法律风险的处理和承担来看，如果交易主体不能通过友好协商达成一致，在合同当事人之间往往表现为合同争议纠纷以及随之而来的民商事案件。

四、法律风险预防及合同争议解决

与上述碳排放权交易合同法律识别相对应，本文着重针对碳交易特色的风险，以狭义的碳排放权交易合同为对象，讨论如下风险预防措施。

1. 掌握规则，守法合规，充分理解交易风险和自身能力

有别于传统进场交易大宗商品或金融市场“自下而上”的发展路径，碳交易市场是一个“自上而下”的政策性市场。无论从交易标的的创设、交易机制的运行还是基础数据的核查核证等各方面，相关政策都起到关键性作用。对政策不了解或错误解读，抑或是关键政策发生重大调整，都有可能导致碳排放权交易合同无法履行或合同目的无法实现。同时，全国统一碳市场、各试点碳市场都有各自的交易规则，在了解国家和地方相关政策的基础上，还需要进一步通过交易所了解不同交易市场的具体规则。

无论是具有强制减排义务的重点排放单位，还是对碳市场投资感兴趣的企业和个人，在投身碳市场交易、签订相关合同前，首先要充分了解碳市场相关流程，熟悉掌握交易规则，不要贸然进场交易。在签订交易合同之前，首先确认己方已经取得交易资格并开立交易、注册登记和结算这三类账户，确认合同标的物符合自己的购买需求，并综合评估自身的风险承受能力。

虽然上面讨论了多种风险，但是，从风险管理角度看，具体风险可以通过多种方式予以应对。例如，对于上述交易条件风险，经适度谨慎的注意，则

对满足条件的具体交易就不称其为风险；对于买受人提供了其他补充担保的保证金交易，出卖人在分散转移了风险的同时，买受人可能也盘活了闲置的资源而获得成功交易的收益；对于回购方经济实力雄厚的回购交易安排，只要初始交易中的出卖人将买受人在未来回购交易违约时的违约责任承担在合同中进行充分的考虑和约定，也意味着能够对回购时交易落空风险坦然承受并转移责任而不受损失。当然，这些风险理解和自身能力评估，以及应对措施的适当落实，都需要以交易主体具备相应的法律风险管理能力以及对碳交易风险的真正理解为基础。无论如何，“不知不做”应是风险管理的底线。在中国绿色低碳发展按下快进键的趋势下，企业和个人如果要参与碳交易，一定不要轻视风险、草率交易，任何碳排放权交易合同的价格不仅仅是交易产品的价格，更是附带了整个交易风险的价格。交易主体在理解规则、明晰风险的基础上理性入市，才是行稳致远、基业长青之道。而具备一大批理性入市的碳交易主体，碳市场才能够与管理层和政策面形成不断互动完善、螺旋上升的良性发展格局。

2. 事前调查，约定明晰，充分理解具体合同的风险及应对

充分理解交易风险和自身能力决定开展碳交易，在实施具体交易之前，还需进行必要的关于具体交易风险预防的事前调查，包括交易产品的市场行情、走向、政策趋势等，特别是要充分调查了解交易对方的背景和资信情况，以决定是否实际成交签约。对于初次合作的对象，可要求对方提供资质证明，具体包括：已开立三类账户且账户无异常、历史成交记录、碳资产持有情况、资金状况及其他必要材料。对于已建立合作关系的对象，也需要注意其资质有无更新、三类账户有无异常变化、企业经营状况是否持续良好等情况。尽可能避免在无特别应对措施的情况下开展保证金交易[①]等高风险交易方式。在涉及回购交易安排时，还应有关于对方动态情况跟踪、异常状况应急处理的预案。

签订碳排放权交易合同时，要注意审查合同的构成要件是否完备，约定是否清晰、有无歧义。合同的构成要件除《民法典》合同编规定的一般内容（当事人的姓名或者名称和住所、标的、数量、质量、价款、履行期限、地点

① 这里的保证金交易特指上文提到的现货交易里线下协议转让的保证金交易，不包括碳配额远期交易采用中央对方清算的保证金交易模式，中央对方清算可最大限度控制风险，保障交易安全。

和方式、违约责任、解决争议的方法）外，通常还包括术语的定义、交易方式、结算方式、碳排放配额或国家核证自愿减排量清算方式、交易手续费用承担、合同生效及变动（包括变更与解除）、法律适用等。此外，出卖人需保证其标的权利无瑕疵，双方均需保证其所提交各项资料真实合法，订立合同、转让配额所需企业内部条件均已满足。实践中，各交易所多会为碳排放权交易合同签订双方提供协议转让合同范本。这些合同范本总结较长时间交易实践的经验和教训，出于保障公平交易、降低风险的目的而制定，交易参与人可提前联系交易所取得相关合同范本作为参考。

需要特别指出的是，在非现货买卖合同的其他交易合同中，由于其交易复杂性本身带来的额外风险，交易参与人应针对具体交易识别风险并制定预防管理措施，其中涉及拟由对方分担或承担的风险安排，尽量通过协商将风险后果纳入合同约定。同时，对于若干可能因政策不明或进一步变动影响合同的事项，即便交易双方不能达成协议或者认为发生概率不大而不希望在交易谈判中花费太多成本，也可以列明哪些类事项按照何种原则进行处理。例如，如果对于预期开发过程中的CCER进行交易，双方应注意到国家核证环节政策松紧及进程预期的风险。事实上，虽然现在新增备案程序暂停，但在暂停前已经发生类似原因造成交易延迟又叠加市场价格波动风险而最终形成争议案件的情形。对此，如果合同中没有特别约定，涉及政府备案等行政手续迟延造成交易产品交付迟延，很难在发生争议后被认为构成不可抗力而对出卖人予以迟延免责。

3. 未雨绸缪，约定仲裁，充分用好商事仲裁的保密优势

在签订碳排放权合同时，还应当注意对于争议解决方式的选择。合同争议解决依法可以选择诉讼和仲裁两种方式，应结合交易特点和可能的争议审理需要来进行比较和选择。

大量商事合同争议解决的实践表明，与诉讼解决合同争议的方式比较，仲裁具有保密性和专业性的比较优势，是更适合碳排放权交易合同选择的争议解决方式。同时，在人民法院将诉讼裁判文书全部上网向全社会公开（除符合特定条件不适合公开的少数案件裁判文书）以体现司法公开的背景下，对于碳交易主体也必然面临着一旦涉诉而大概率地被社会公众，包括其各类（潜在）交易合作伙伴和竞争对手知悉案件情况和裁判结果的问题。权衡利弊来看，大量商事主体主动选择了约定仲裁，以避免自己的合同交易信息在将来

发生诉讼案件时被公开的情形。甚至很多大型企业对于涉诉合同价格、交易内容公开的敏感度，超过了具体个案的得失，因为现实中还存在一旦涉诉被第三人进行信息挖掘和炒作带来的声誉风险。综合考虑现阶段法院对碳交易案件审理经验相对有限，以及整体上“案多人少”、资源有限的现实，笔者通过对碳排放权交易合同争议解决的专项研究，建议对合同争议解决方式选择仲裁，并对相关合同约定注意事项进行了充分讨论，在此不再一一展开。①

需要说明的是，与“上医治未病”同理，在碳排放权交易合同中预先考虑交易参与人未来发生争议的可能性，以及无法通过协商自行解决而通过案件处理，恰恰是建设性的预防措施。在中国的商业文化里，交易主体一般怀着良好的愿望进行生意磋商时，似乎习惯于避免谈论万一将来矛盾升级到打官司的话题。殊不知，不约定争议解决方式就等于选择诉讼；如果交易参与人不能在合同签约谈判时共同协议仲裁，则在发生争议时再想与对方达成一致是非常困难的事，即便法律规定认可当事人随时可达成仲裁协议，但出现难以调和的矛盾时，协商仲裁的可能性和交易成本都与最初合同磋商签约时难以比拟。

4. 动态管理，及时索赔，充分做好履约沟通与证据留存

碳排放权交易合同履行过程中，交易参与人应动态进行合同履行情况的管理。由于碳排放权交易合同标的物及价款的交收、结算都必须通过交易所的交易系统及与其连通的注册登记系统和结算系统来完成，合同签订完成到最终合同执行完成之间还存在合同递交至交易所、买受人将价款及手续费通过结算系统转到交易账户、出卖人将标的物从注册登记系统转到交易账户、出卖人将手续费（如有）从结算系统转到交易账户、交易所核验双方交易账户内标的物及资金状态、交易所完成标的物交割并发起资金结算指令、结算系统返回结果等诸多环节。因此，签订完合同后交易参与人应保持与对方及交易所的及时沟通，直至合同顺利执行完毕。

对前文所述保证金交易、回购交易等特殊交易方式，交易参与人应特别关注对方的情况。在发现由于对方经济状况恶化、账户状况异常等情况，可能出现合同履行不能或合同目的不能实现时，应及时索赔、及时止损。可视对方违反合同约定的具体情形，分别依法追究对方违约责任乃至解除合同。

---

① 黄瑞、高原等:《碳排放权交易规则及合同争议解决》，法律出版社 2020 年版，第 112–127 页。

特别需要注意的是，往往最初的违约行为是在合同当事人相对友好平和时期发生，有的可以较快解决，有的则逐渐发展并逐步升级。因此，风险管理的一个重要问题是履约过程中的证据问题。中国企业和个人在履约中，均倾向于当面交谈而疏于制作和留存证据，或者虽然有会谈纪要/记录但没有对方参与人员的签字或认可内容的证明材料。实际业务中，确实有的违约先表现为意外延迟或看上去有合理理由，所以，经常有经办人员掉以轻心或一厢情愿，认为对方很快就会回到正轨；如果对方的违约逐步升级或拖延持续发展到双方反目针锋相对时，才发现有利于自己的证据（例如双方互动中显示违约原因或在先违约当事人等信息的证据），错过最佳时机，往往悔之晚矣。总而言之，履约证据是非常重要的法律风险管理基础，甚至好的证据制作和留存措施可以迫使理性的交易对方回归争议和谈轨道。在不少合同争议案件中可以看到，双方讲的案情完全是截然相反的两个故事，但是，各自都对自己陈述的案情（故事）不能提出无可辩驳的证据。如果对方已经保留充分的证据显示其在合同争议中的胜诉可能，对于经营情况正常、具有偿债能力的当事人而言，出于正常的逐利目的，其理性选择肯定是不要再额外承担案件败诉的更大损失后果（至少额外发生案件起诉费用和律师费）；换言之，合同双方都可以通过履约证据管理避免不必要的合同争议案件。

5. 保护时效，以案维权，充分结合碳排放权的特点做好案件处理

中国企业和社会文化都看重“以和为贵”，所以，反复就争议事项沟通协商而不起诉的情况比比皆是。结合上述谈到的合同当事人经常疏于证据制作与留存的情况，也出现不少案件被告/被申请人以超出诉讼或仲裁时效抗辩对方胜诉权的情形。作为法律风险管理的重要基础性事项，权利人一定要注意及时索赔（即向对方主张自己的合同权利），在诉讼/仲裁时效内起诉或者再次索赔以形成时效中断、重新计算的保护效果。

实践中，如果对方屡屡应允违约赔偿又屡屡违反承诺，或者一再签订补充协议应允赔偿损失但始终不予兑现时，权利人应注意随时跟踪违约方的信用情况，警惕后者以协商之名争取周旋时间、实际上在进行暗自非法转移资产等可能实质性损害权利人利益的问题。

一旦涉及合同争议案件，不论是起诉还是被诉，当事人均应考虑碳排放权交易合同的特点，寻找专业素养高的代理律师，在案件代理中能够高效抓住重点并结合法律规定，向审判者说明合同特点及当事人主张的基础事由，

达到既定的案件处理目标。另，代理人还应能较好地理解碳交易的行业背景，能够协助当事人分析案件中的调解机会和成本，适时把握调解结案的机会。

尽管讨论法律风险预防，不可避免谈到案件风险管理措施，事实上，商事交易中往往仅有一小部分合同履行发生争议，其中，也只有少数合同争议进入案件处理。考虑到在案件审理过程中，还有部分通过谈判或调解解决，真正通过仲裁裁决或诉讼判断解决争议纠纷的合同比例更小。之所以法律风险概率不大但必须重视，其原因在于一旦发生该风险事件则不可控因素较多，案件的不利后果对合同当事人的影响通常较大。如果碳市场中的交易主体都能够理性参与市场博弈，努力有效管理各自法律风险在内的合同风险，那么真正发生案件的可能性并不大；而整个碳市场将会因每个合同当事人的积极谨慎而发展得更为稳健，从而更好地发挥助推绿色低碳发展的机制工具作用，还可能衍生更多的市场需求和交易空间。

五、结语

碳交易属于较为新型的商事行为，具有专业性、政策性、前沿性等特点。与传统商品交易活动相比，碳交易主体在合同签约、履约的过程中，需要根据融合碳交易特点开展全面风险管理。可以预见的是，随着全国全面快速推进碳交易在内的绿色低碳发展，会涌现更多创新交易实践。本文仅是梳理总结狭义碳排放权交易合同部分法律风险识别与预防，希望对实务工作者有一定启发，也希望间接促进在交易主体普遍理性博弈的基础上，逐步形成高质量、可持续市场机制及相应政策法规的完善。

确认仲裁协议效力案件的实践观察与规则完善

朱华芳　郭佑宁*

● 摘　要

确认仲裁协议效力阶段，仲裁机构排除法院判断权应以仲裁机构对仲裁协议效力作出实质性判断为条件。同一当事人不能同时或先后向仲裁机构、法院申请确认仲裁协议效力。仲裁机构认定仲裁协议有效，不影响当事人在撤销或不予执行仲裁裁决程序中再次对仲裁协议效力提出异议。仲裁协议成立问题属于确认仲裁协议效力案件的审查范围。应当允许当事人向法院申请确认仲裁协议有效。在主合同未成立的情况下，宜慎重考察主合同中的仲裁条款是否成立。在仲裁协议成立的情况下，应尽量解释认定仲裁协议有效。

● 关键词

确认仲裁协议效力　审查权限　审查范围　仲裁协议独立性

Abstract: As for the validity of the arbitration agreement, the arbitration institution may obviate the court's jurisdiction to determine on this issue only if the arbitration institution has made the substantive decision first in this regard. One party is not allowed to apply to both the arbitration institution and the court for confirming the validity of

---

* 朱华芳，北京市天同律师事务所高级合伙人；郭佑宁，北京市天同律师事务所律师。

the arbitration agreement, neither simultaneously nor successively. Nevertheless, the arbitration institution's confirmation on the validity of the arbitration agreement would not deprive parties of the right to challenge the validity of the arbitration agreement during the setting-aside or enforcement proceedings of the arbitral award. The issue of the existence of the arbitration agreement is deemed as subject to review during the confirmation of the validity of the arbitration agreement. The parties should be allowed to request the court to confirm that an arbitration agreement is valid. When the underlying contract has not been formed, it is necessary to examine carefully whether the arbitration agreement in the underlying contract exists separately. If the arbitration agreement exists, the arbitration agreement should be deemed valid as far as possible.

Key Words: confirmation of the validity of arbitration agreement, authority of judicial review, scope of judicial review, the doctrine of separability of arbitration agreement

仲裁协议是仲裁的基石。仲裁协议效力制度一直是我国仲裁法律制度的核心之一，在《中华人民共和国仲裁法》(以下简称《仲裁法》)及相关司法解释中均占较大篇幅。实践中，确认仲裁协议效力案件也是最多发的仲裁司法审查案件类型之一。自1995年《仲裁法》施行以来，确认仲裁协议效力案件的裁判规则不断完善，但在审查程序、审查范围、审查标准等重要方面，仍有一些问题尚未达成共识。对此，本文将在梳理分析司法实践现状的基础上，对相关规则的完善提出若干建议。

一、仲裁机构和法院在确认仲裁协议效力阶段的审查权限划分

根据《仲裁法》第20条①、《最高人民法院关于确认仲裁协议效力几个问题

① 《仲裁法》第20条："当事人对仲裁协议的效力有异议的，可以请求仲裁委员会作出决定或者请求人民法院作出裁定。一方请求仲裁委员会作出决定，另一方请求人民法院作出裁定的，由人民法院裁定。当事人对仲裁协议的效力有异议，应当在仲裁庭首次开庭前提出。"

的批复》（以下简称《仲裁协议效力批复》）第3条[①]、《最高人民法院关于适用〈中华人民共和国仲裁法〉若干问题的解释》（以下简称《仲裁法解释》）第13条[②]等规定，在仲裁庭首次开庭前，仲裁机构和法院都享有判断仲裁协议效力的权力，但法院判断权具有一定条件下的优先性。这种优先性主要表现为，在双方当事人分别向仲裁机构、法院申请确认仲裁协议效力的情形下，除非仲裁机构在法院受理申请前已经作出决定，否则法院判断权应当排除仲裁机构判断权，具体而言：（1）如果一方当事人先向法院申请确认仲裁协议效力，则法院应当通知仲裁机构中止仲裁，仲裁机构不得再受理另一方当事人提出的确认仲裁协议效力申请；（2）如果一方当事人先向仲裁机构申请确认仲裁协议效力，则在仲裁机构未作出决定前，另一方当事人可以另行向法院申请确认仲裁协议效力，法院受理后应当通知仲裁机构中止仲裁（包括中止对已受理的申请确认仲裁协议效力的审查）。按照上述规则，大多数情形下的审查机构均可予以明确。但实践中仍有一些特殊情形的处理，尚待进一步完善规则。

（一）能够排除法院判断权的仲裁机构决定的界定

《仲裁法》第20条及《仲裁协议效力批复》第3条、《仲裁法解释》第13条第2款所指的仲裁机构决定，典型的类型是仲裁机构在确认仲裁协议效力程序中直接认定仲裁协议有效或无效的决定。除此之外，实践中还存在其他类型的决定，例如仲裁机构未直接认定仲裁协议效力的决定、仲裁机构非在确认仲裁协议效力程序中作出的决定，这些决定能否发生排除法院判断权的效果，需要进一步考察。

1. 仲裁机构的阶段性决定

实践中，有些仲裁协议的效力问题与案涉争议的实体问题密切关联，在当事人提出确认仲裁协议效力的请求（通常是申请人提出仲裁申请后，被申请

---

① 《仲裁协议效力批复》第3条："当事人对仲裁协议的效力有异议，一方当事人申请仲裁机构确认仲裁协议效力，另一方当事人请求人民法院确认仲裁协议无效，如果仲裁机构先于人民法院接受申请并已作出决定，人民法院不予受理；如果仲裁机构接受申请后尚未作出决定，人民法院应予受理，同时通知仲裁机构终止仲裁。"

② 《仲裁法解释》第13条："依照仲裁法第二十条第二款的规定，当事人在仲裁庭首次开庭前没有对仲裁协议的效力提出异议，而后向人民法院申请确认仲裁协议无效的，人民法院不予受理。仲裁机构对仲裁协议的效力作出决定后，当事人向人民法院申请确认仲裁协议效力或者申请撤销仲裁机构的决定的，人民法院不予受理。"

人提出仲裁协议无效的主管异议，申请人则请求确认仲裁协议有效）时，仲裁机构（仲裁庭）往往不会中止仲裁程序，单独先对仲裁协议效力作出认定，而是作出由仲裁庭在实体审理后对仲裁协议效力与案涉争议实体问题一并处理的决定。这种阶段性决定是否属于《仲裁法》第20条及相关司法解释所指的“决定”？

有裁判认为，这种决定表明仲裁机构并未对其管辖权作出实质性认定，因此当事人可以依据《仲裁法》第20条之规定，向法院申请确认仲裁协议效力。[①]本文认为，按照《仲裁法》第20条对审查权限的配置，我国仲裁机构不享有完全的自裁管辖权，如前所述，除非仲裁机构在法院受理申请前先行作出决定，法院对仲裁协议效力、仲裁机构主管权的判断原则上具有优先性。在这种权力配置下，仲裁机构要排除法院的判断权，其决定必定要求是实质性的，而不能仅仅在程序上决定留待实体审理后判断，否则法院判断权的优先性将在事实上被架空。因此，前述裁判观点符合《仲裁法》第20条的立法意图。

但从应然角度，《仲裁法》第20条及相关司法解释关于审查权力的配置，却不无检讨完善的余地。

首先，仲裁庭自裁管辖权原则是当代国际仲裁法中的一项基本原则，[②]《仲裁法》第20条没有规定仲裁庭的自裁管辖权，而是赋予法院、仲裁机构对仲裁庭管辖权异议的审查权力，这与国际主流实践存在明显不同。

其次，仲裁机构仅是仲裁程序的服务管理机构，不享有审理、裁决案件的权力，真正享有这一权力的是仲裁庭，但《仲裁法》第20条等规定将审查权力赋予仲裁机构而非仲裁庭。在此现行法律框架下，一些仲裁机构授权仲裁庭对案件管辖权作出决定，以尽量尊重和维护仲裁庭的独立性。但从根源上看，为理顺仲裁机构与仲裁庭的职责定位，建议修改《仲裁法》第20条，直接将审查仲裁协议效力的权力授予仲裁庭。

再次，因《仲裁协议效力批复》第3条规定法院审查将产生中止仲裁程序的效果，故确认仲裁协议效力程序在实践中经常流变为一方当事人拖延仲裁程序的手段。而且，在现行规则下，法院在确认仲裁协议效力阶段和撤销、不予执行仲裁裁决阶段均可审查仲裁协议的效力，实践中经常出现当事人重

---

① 北京市第四中级人民法院（2018）京04民特379号。

② 参见王瀚、李广辉:《论仲裁庭自裁管辖权原则》，载《中国法学》2004年第2期。

复异议、法院重复审查等问题，甚至出现前后审查程序结论不一的情况，司法效率和权威均被极大贬损。

最后，在难以依据表面证据判断仲裁协议效力的复杂案件中，法院进行审查时，均不可避免地需要深入介入案件事实，甚至是案涉争议的实体问题，这在实质上可能干涉仲裁庭对案件的审理权。

基于上述分析，本文认为，在确认仲裁协议效力阶段赋予仲裁庭充分甚至是排他判断仲裁协议效力的权力，应当是完善仲裁协议效力制度的一个方向。

2. 仲裁机构关于受理异议、管辖异议等的决定

从《仲裁法》第20条的文义来看，排除法院判断权的仲裁机构决定书，应当指当事人向仲裁机构或仲裁庭请求确认仲裁协议效力时，仲裁机构或其授权仲裁庭作出的决定书。那么，仲裁机构或仲裁庭在其他环节作出的决定，能否排除法院对仲裁协议效力的判断权?

本文认为,《仲裁法》第20条及相关司法解释关于仲裁协议效力审查权限的配置规则，核心内涵是仅允许仲裁机构、法院其中一家机构可在仲裁案件开庭前对仲裁协议效力进行审查，其目的在于避免重复审查、裁判冲突。因此，仲裁机构作出的决定能否排除法院判断权，标准不应是决定的形式或名称，而应取决于决定的内容是否指向并评价了仲裁协议的效力。只要仲裁机构作出的决定实质性地指向并评价了仲裁协议的效力，法院就不应再受理当事人提出的确认仲裁协议效力申请。例如，仲裁机构在管辖权异议决定书中认定仲裁协议系当事人真实意思表示，故仲裁机构有管辖权，该决定虽为驳回当事人管辖异议，但实质上已作出了仲裁协议有效的评价，故应排除法院的判断权。① 相反，如果仲裁机构作出的决定与仲裁协议效力无关，则法院应当受理当事人提出的确认仲裁协议效力申请。例如，当事人以重复仲裁为由向仲裁机构提出受理异议，仲裁机构决定驳回异议但未评价仲裁协议效力，当事人再向法院申请确认仲裁协议无效，法院仅以仲裁机构作出了“决定”就不予受理，② 该做法不符合《仲裁法》第20条的意旨。

---

① 北京市高级人民法院（2020）京民终258号、（2020）京民终740号，山东省高级人民法院（2020）鲁民终2044号，上海市高级人民法院（2019）沪民终334号，江苏省高级人民法院（2019）苏民终465号，安徽省高级人民法院（2018）皖民特2号。

② 上海市高级人民法院（2018）沪民终498号。

（二）同一当事人同时或先后向仲裁机构、法院申请确认仲裁协议效力的处理

《仲裁法》第 20 条第 1 款第一句规定："当事人对仲裁协议的效力有异议的，可以请求仲裁委员会作出决定或者请求人民法院作出裁定。"该规定赋予当事人选择审查机构的权利，但条文表述尚不明确的是，当事人是只能择一机构提出申请，还是可以同时或先后向两个机构提出申请？对此，有观点认为，《仲裁法》第 20 条第 1 款并未禁止同一当事人同时向法院和仲裁机构提出申请；而且，如果仲裁机构受理当事人的异议请求但不作出处理，若不允许该当事人再向法院寻求救济，也有悖于申请确认仲裁协议效力制度的目的。但也有观点认为，《仲裁法》第 20 条并未赋予同一当事人同时向法院和仲裁机构提出异议的权利，[①] 当事人选择其中一种方式意味着排除另一种方式的适用，[②] 或者应优先由仲裁机构认定仲裁协议的效力。[③]

本文认为，当事人行使法律赋予的选择权应合理审慎，如果认可同一当事人可同时或先后向法院和仲裁机构申请确认仲裁协议效力，客观上将导致程序冲突及司法资源浪费，有违《仲裁法》第 20 条避免重复审查、裁判冲突的目的。因此，宜将《仲裁法》第 20 条第 1 款第一句赋予当事人选择权的规定，限缩解释为同一当事人只能择一作出选择。具体而言，相关规则可从以下两方面进一步细化完善：一方面，如果当事人选择向仲裁机构申请确认仲裁协议效力，该同一当事人再向法院申请确认仲裁协议效力的，法院应当不予受理。另一方面，如果当事人选择向法院申请确认仲裁协议效力，若法院受理当事人申请时已存在相应仲裁程序，法院应通知仲裁机构中止仲裁，仲裁机构不得再接受当事人关于确认仲裁协议效力的申请。

---

① 广东省广州市中级人民法院（2018）粤 01 民特 50 号。

② 山东省日照市中级人民法院（2018）鲁 11 民特 7 号。

③ 山东省高级人民法院（2020）鲁民终 2247 号。

二、确认仲裁协议效力的决定或裁定在撤销或不予执行仲裁裁决程序中的影响

（一）仲裁机构认定仲裁协议有效的决定在撤销或不予执行仲裁裁决程序中的影响

根据《仲裁法解释》第13条第2款的规定，仲裁机构对仲裁协议效力作出决定后，当事人不得再向法院请求确认仲裁协议效力。有争议的是，在仲裁庭作出裁决之后，当事人能否在申请撤销或不予执行仲裁裁决时再次对仲裁协议效力提出异议？

从司法实践来看，少数法院认为，仲裁机构初步认定仲裁协议有效的，不影响当事人在裁决作出后以仲裁协议无效为由申请撤销或不予执行仲裁裁决。[①]但更多的法院援引《仲裁法解释》第13条第2款的规定，认为如果在仲裁程序中，仲裁机构对仲裁协议效力作出决定，或者裁决书对仲裁协议效力作出认定，则当事人不能再以仲裁协议无效主张撤销或不予执行仲裁裁决。[②]关于这种做法的理由，有裁判认为："对仲裁协议效力提出异议，必然导致仲裁程序的暂缓或停滞，而仲裁制度的一项功能在于高效性，因此，对仲裁协议的效力提出异议虽为法律赋予当事人的一项权利，但其必须在一定的时限内行使。从本案来看，湖北发夏越黔公司、重庆发夏越黔公司、湖北发夏食品公司在仲裁庭首次开庭前未向人民法院提出确认仲裁协议效力，而是向重庆仲裁委员会提出，表示其认可由重庆仲裁委员会对仲裁协议的效力进行审查，该委随后作出决定。若在重庆仲裁委员会针对仲裁协议的效力作出决定后，又允许三申请人以相同理由申请撤销仲裁裁决，那当事人提出仲裁协议效力审查时限规定的制度就失去了价值。"[③]还有裁判认为，《仲裁法

---

① 江苏省高级人民法院（2018）苏民终1240号。

② 重庆市第一中级人民法院（2020）渝01民特83号，湖北省武汉市中级人民法院（2020）鄂01民特205号，山东省济宁市中级人民法院（2020）鲁08民特10号，黑龙江省鹤岗市中级人民法院（2020）黑04民特13号，福建省福州市中级人民法院（2019）闽01民特274号，福建省泉州市中级人民法院（2019）闽05民特99号，海南省海口市中级人民法院（2019）琼01民特11号，广东省东莞市中级人民法院（2019）粤19民特330号，天津市第二中级人民法院（2018）津02民特26号，湖北省十堰市中级人民法院（2018）鄂08民特31号。

③ 重庆市第一中级人民法院（2017）渝01民特1067号。

解释》第13条第2款显示的理念是，仲裁机构已就仲裁协议效力作出决定，当事人不服该决定要求人民法院对仲裁协议效力予以审查的，人民法院不予理涉。[①]

本文认为，上述多数法院采取的观点不符合现行法律、司法解释的规定，理论上也混淆了仲裁自裁管辖与法院监督，应当予以澄清。

第一，根据《仲裁法解释》第27条[②]的规定，如果当事人在仲裁程序中对仲裁协议效力提出异议，则当事人可以在撤销或不予执行仲裁裁决程序中再次提出，法院应当按照仲裁法关于撤裁事由的规定、民事诉讼法关于不予执行仲裁裁决事由的规定进行审查。《仲裁法解释》第18条规定："仲裁法第五十八条第一款第一项规定的'没有仲裁协议'是指当事人没有达成仲裁协议。仲裁协议被认定无效或者被撤销的，视为没有仲裁协议。"据此，当事人对仲裁协议效力的异议，应属于撤销和不予执行仲裁裁决的审查事由。

第二，《仲裁法解释》第13条第2款的表述，仅指仲裁机构对仲裁协议效力作出决定后，当事人不能再通过向法院申请确认仲裁协议效力这个程序提出异议，而非排除当事人在撤销或不予执行仲裁裁决程序中提出异议的权利。从仲裁理论和国际实践看，承认仲裁庭自裁管辖权，并不意味着仲裁庭对仲裁协议效力的决定不受任何监督。换言之，仲裁机构或仲裁庭对仲裁协议效力的决定只是排除法院在仲裁程序中进行干涉，但从未排除法院在仲裁裁决作出后进行事后监督的权力。事实上，任何一份裁决都明示或暗示地表明仲裁庭认定仲裁协议有效，其享有主管权，如依上述实践观点，其实质是认为法院不能对仲裁协议的效力进行审查，这显然与司法监督仲裁的基本原则和原理相悖。

基于上述分析，本文认为，如果当事人在仲裁程序中对仲裁协议效力提出异议，仲裁机构或仲裁庭决定或裁决书认定仲裁协议有效的，当事人可以

---

① 江苏省无锡市中级人民法院（2018）苏02民特54号。

② 《仲裁法解释》第27条："当事人在仲裁程序中未对仲裁协议的效力提出异议，在仲裁裁决作出后以仲裁协议无效为由主张撤销仲裁裁决或者提出不予执行抗辩的，人民法院不予支持。当事人在仲裁程序中对仲裁协议的效力提出异议，在仲裁裁决作出后又以此为由主张撤销仲裁裁决或者提出不予执行抗辩，经审查符合仲裁法第五十八条或者民事诉讼法第二百一十三条、第二百五十八条规定的，人民法院应予支持。"

在撤销或不予执行仲裁裁决程序中再次对仲裁协议效力提出异议，法院应当按照《仲裁法》第58条，《中华人民共和国民事诉讼法》（以下简称《民事诉讼法》）第237条、第274条等规定审查。

（二）法院作出的确认仲裁协议效力裁定在撤销或不予执行仲裁裁决程序中的影响

如果是法院（而非仲裁机构）在确认仲裁协议效力程序中认定仲裁协议有效，那么当事人还能否以仲裁协议无效申请撤销或不予执行仲裁裁决？对此，法律、司法解释均未明确规定。表面上看，根据《最高人民法院关于审理仲裁司法审查案件若干问题的规定》（以下简称《仲裁司法审查规定》）第20条的规定，法院在确认仲裁协议效力程序中认定仲裁协议有效的裁定属于生效裁定。因此，基于生效裁判的既判力，法院原则上不能在撤裁或裁决执行阶段认定仲裁协议无效，若无其他可资裁定撤销或不予执行仲裁裁决的事由，应当驳回当事人的申请。

但值得考虑的是，法院在确认仲裁协议效力阶段的审查未必是深入全面的，而经过仲裁程序的审理，案件事实可能出现“反转”，不排除需要对仲裁协议效力重新作出认定。此时，按照既判力原则，理论上须先撤销确认仲裁协议效力的裁定，方能另行认定仲裁协议无效。但是，根据《仲裁司法审查规定》第20条的规定，确认仲裁协议效力的裁定不允许当事人申请再审，一般也认为法院不能依职权启动再审，因此，法院在事后审查阶段如欲重新认定仲裁协议无效，将会面临在先确认仲裁协议有效裁定的障碍。若解决这一困境尚有赖于规则制定上做出特殊安排。

三、确认仲裁协议效力案件的审查范围

《仲裁法》第20条规定，当事人对仲裁协议的效力有异议的，可以请求仲裁委员会作出决定或者请求人民法院作出裁定。实践中，当事人在向法院申请确认仲裁协议效力程序中的请求通常为确认仲裁协议无效，尚存争议的是，该条中“仲裁协议的效力”是否包括仲裁协议的成立问题，以及当事人能否请求法院确认仲裁协议有效。

（一）仲裁协议成立问题是否属于确认仲裁协议效力案件的审查范围

对此问题，司法实践长期存在分歧。一些法院认为，仲裁协议是否成立

不属于确认仲裁协议效力案件的审查范围，[①] 其理由主要为：（1）仲裁协议是否成立属事实判断问题，是否有效属法律判断问题，《仲裁法》第20条规定的"对仲裁协议的效力有异议"，仅指对仲裁协议有效还是无效这一法律判断问题存在异议；（2）对于仲裁协议是否成立这一事实问题应由仲裁机构审查，而非向法院提出，否则法院可能不当干预仲裁机构对案件的实体审理；（3）"没有仲裁协议"是法律规定的申请撤销或不予执行仲裁裁决的事由，故当事人还可以在撤销或不予执行仲裁裁决程序后寻求救济，确认仲裁协议效力阶段不审查不会导致权利无法救济。相反，也有部分法院将仲裁协议是否成立纳入确认仲裁协议效力案件的审查范围，[②] 因为仲裁协议的成立是判断仲裁协议效力的前提，欲审查仲裁协议效力，必然要先审查仲裁协议存在的问题。

本文认为，在我国未确认仲裁机构（仲裁庭）具有完全的自裁管辖权的实证法背景下，应将仲裁协议的成立问题纳入确认仲裁协议效力案件的审查范围，主要理由是：

---

① 2018年以来的部分案例：北京市第四中级人民法院（2020）京04民特99号，广东省广州市中级人民法院（2020）粤01民特875号，重庆市高级人民法院（2019）渝民终79号、（2018）渝民终568号，安徽省高级人民法院（2018）皖民特1号，北京市第四中级人民法院（2019）京04民特517号，江苏省镇江市中级人民法院（2019）苏11民特3号，北京市第四中级人民法院（2018）京04民特344–346号，重庆市第一中级人民法院（2018）渝01民特474号，广东省广州市中级人民法院（2018）粤01民特622号、（2017）粤01民特1328号，四川省成都市中级人民法院（2018）川01民特43号、（2018）川01民特78号，海南省海口市中级人民法院（2018）琼01民特144号，浙江省绍兴市中级人民法院（2017）浙06民特26号。更早的案例情况，参见朱华芳、石佳筠：《27个案例告诉你全国各地法院确认仲裁协议效力案件的审理范围》，载微信公众号"天同诉讼圈"2017年3月23日文章。

② 2018年以来的部分案例：江苏省高级人民法院（2020）苏民终896号，北京市第四中级人民法院（2020）京04民特281号、（2020）京04民特696号，重庆市第一中级人民法院（2020）渝01民特401号，湖北省武汉市中级人民法院（2020）鄂01民特193号、（2019）鄂01民特412号，上海金融法院（2019）沪74民特10号，江苏省南通市中级人民法院（2019）苏06民特68号，广西壮族自治区北海市中级人民法院（2019）桂05民特151号，湖南省娄底市中级人民法院（2019）湘13民特90号，天津市高级人民法院（2018）津民终213号，上海市第二中级人民法院（2018）沪02民特458号，江苏省南京市中级人民法院（2018）苏01民特304号，武汉海事法院（2018）鄂72民特29号，山西省晋城市中级人民法院（2018）晋05民特71号，山东省滨州市中级人民法院（2018）鲁16民特38号，广东省东莞市中级人民法院（2018）粤19民特204号，云南省昆明市中级人民法院（2017）云01民特147号。更早的案例情况，参见朱华芳、石佳筠：《27个案例告诉你全国各地法院确认仲裁协议效力案件的审理范围》，载微信公众号"天同诉讼圈"2017年3月23日文章。

首先，如上述部分法院的观点，对仲裁协议效力的法律判断须以对仲裁协议是否存在的事实判断为前提，如无存在之事实，则无所谓有效无效。法律行为的有效条件之一是意思表示真实，因此当事人是否作出提交仲裁的意思表示，本身就是判断仲裁协议是否有效的一个重要方面。

其次，确认仲裁协议效力制度的主要作用是在仲裁程序进入实体审理前，对仲裁机构是否有主管权作出司法判断，而是否存在仲裁协议显然是决定仲裁机构有无主管权的关键因素，在《仲裁法》第20条未赋予仲裁机构完全的自裁管辖权，强调法院有优先审查权的制度框架下，法院拒绝对仲裁协议是否存在进行审查，不符合《仲裁法》第20条对法院、仲裁机构审查权限的配置。

再次，从我国实践来看，法院在拒绝对仲裁协议是否成立进行审查时，通常也认为当事人关于仲裁协议是否成立的请求非属效力异议，故法院无法对仲裁协议的效力进行审查，此时确认仲裁协议效力程序事实上完全没有发挥应有的作用，也在一定程度上迫使当事人不得不在裁决作出后以没有仲裁协议为由提出撤销和不予执行的申请。因此，法院如不审查仲裁协议是否成立，可能损害争议解决效率，增加当事人成本。

最后，一些观点认为，由于仲裁协议一般均与主合同同时签订，因此对仲裁协议是否存在进行审查，往往会涉及主合同是否签订，当事人之间是否存在合同关系这一核心实体问题，法院如果事先进行审查，可能不当介入和干预仲裁庭对案件的审理，故仲裁协议是否成立不宜作为确认仲裁协议效力程序的审查事项。对此本文认为，仲裁司法审查虽然主要是从程序角度进行的，但并不意味着法院不能涉足案件实体问题，实践中不少撤销或不予执行仲裁裁决的事由（例如裁决所根据的证据是伪造的，对方当事人隐瞒了足以影响公正裁决的证据）需要通过对案件进行一定程度的实体审查才能作出认定，因此仅以仲裁协议是否成立涉及案件实体问题，而将该问题排除在法院审查范围之外，理据不够充分。

应当指出的是，对法院应否在确认仲裁协议效力程序中审查仲裁协议成立的问题，争议如此巨大，在一定程度上反映了司法不断加强对仲裁的支持趋势和仲裁法未完全确认仲裁机构（仲裁庭）自裁管辖权之间的矛盾。自立法论而言，采纳国际通行的仲裁机构（仲裁庭）自裁管辖权原则可能是消弭纷争，健全以事后审查为核心的仲裁司法审查制度的必由之路。

值得注意的是，对于上述争论，《最高人民法院关于神华煤炭运销公司与马瑞尼克船务公司确认之诉仲裁条款问题的请示的复函》(〔2013〕民四他字第4号)中指出:"神华煤炭运销公司向天津海事法院请求确认其与马瑞尼克船务公司之间不存在仲裁协议,天津海事法院应当予以受理。"最高人民法院(以下简称最高法院)在(2019)最高法民特1号、2号、3号裁定中指出,当事人"以仲裁条款未成立为由,向人民法院申请确认双方之间不存在有效的仲裁条款。虽然这不同于要求确认仲裁协议无效,但是仲裁协议是否存在与是否有效同样直接影响到纠纷解决方式,同样属于需要解决的先决问题,因而要求确认当事人之间不存在仲裁协议也属于广义的对仲裁协议效力的异议",进而最高法院认定,依据《仲裁法》第21条第1款之规定,"当事人以仲裁条款未成立为由要求确认仲裁协议不存在的,属于申请确认仲裁协议效力案件,人民法院应予立案审查"。最高法院在(2019)最高法民特1号、2号、3号案中的明确态度无疑有助于统一司法实践对该问题的法律适用,但此后仍有法院作出相反认定。

(二)当事人能否向法院申请确认仲裁协议有效

依照《仲裁法》第20条的规定,当事人向法院请求确认仲裁协议效力的前提是"当事人对仲裁协议的效力有异议"。通常而言,这种异议表现为一方向仲裁机构提起仲裁,另一方向法院请求确认仲裁协议无效。但是,对于当事人能否申请法院确认仲裁协议有效,实践中做法不一。有的法院予以受理,[①]有的法院则认为申请人请求确认仲裁协议有效,表明其对仲裁协议效力无异议,故不符合《仲裁法》第20条的申请条件。[②]

本文认为,《仲裁法》第20条规定的确认仲裁协议效力制度,本质上是对法院和仲裁机构主管权限予以司法确认的制度。依此制度目的而论,《仲裁法》第20条所言"当事人对仲裁协议的效力有异议",不宜狭隘地理解为仅指"一方当事人主张仲裁协议有效,另一方当事人主张仲裁协议无效"的情形,而应包括与仲裁协议效力相关,且为确认仲裁机构有无主管权所必要的一切情形。例如,在双方均认可仲裁条款本身的效力,但对仲裁条款是否已被补

---

① 福建省南平市中级人民法院(2020)闽07民特1号,北京市第四中级人民法院(2019)京04民特97号,湖北省十堰市中级人民法院(2018)鄂03民特8号,河北省张家口市中级人民法院(2018)冀07民特40号。

② 北京市第四中级人民法院(2018)京04民特137号、(2018)京04民特513号。

充合同取代发生争议时，因争议解决条款是否变更关涉仲裁条款是否已经失效，争议应由法院还是仲裁机构主管，故法院审查范围除仲裁协议本身的效力外，还应包括仲裁协议是否因合同变更而失效。[①]再如，当仲裁机构和法院对仲裁条款效力存在不同理解，分别拒绝当事人申请仲裁或提起诉讼时，允许当事人通过确认仲裁协议效力程序明确仲裁协议是否有效，从而确定争议主管机构，具有必要性。此种情形下，法院不宜仅以双方当事人之间未对仲裁协议效力发生争议为由拒绝审查。[②]

四、仲裁协议效力的实体审查标准

尊重当事人意思自治、支持仲裁是近年来仲裁司法审查实践发展的一个主要趋势。在确认仲裁协议效力方面，这表现为法院不断放宽对仲裁协议成立及有效的审查标准。原则上，法院减少干预仲裁协议的做法值得肯定，但一些裁判的说理有待商榷。

（一）仲裁条款的独立性及其效力

仲裁协议独立性是仲裁法的重要原则之一。对于作为合同条款之一的仲裁条款，应如何理解其独立性，此系关涉仲裁协议独立性原则和仲裁协议效力认定的重大问题。实践中，在当事人对合同是否成立发生争议，甚至是合同不成立时，如何判断仲裁条款是否成立及生效，争议尤为明显。2019年，最高法院通过直接审查相关案件，[③]对上述问题做了阐述和认定，值得关注和讨论。

该案的基本案情是：运裕公司与中苑城公司在合同磋商过程中，运裕公司一方于2017年5月9日通过电子邮件向中苑城公司发送《产权交易合同》文本，请中苑城公司反馈修改意见，该版《产权交易合同》文本拟定争议解决方式为提交北京仲裁委员会仲裁。5月10日，中苑城公司通过电子邮件向运裕公司一方反馈修改意见，除修改合同实体内容外，还将《产权交易合同》中的争议解决方式修改为提交深圳国际仲裁院仲裁。5月11日，运裕公司一

① 北京市第四中级人民法院（2018）京04民特299号。

② 广东省广州市中级人民法院（2018）粤01民特137号。

③ 相关案件包括（2019）最高法民特1号、2号、3号，因案件涉及的事实基本一致，为便于讨论，本文仅对（2019）最高法民特1号进行分析。

方通过电子邮件对中苑城公司的修改意见进行回应，并表示“请接到附件内容后尽快回复意见。贵方与我司确认后的合同将被提交至北交所及我司内部审批流程，经北交所及我司集团公司最终确认后方可签署（如有修改我司会再与贵司确认）”，该邮件附件《产权交易合同》（草签版）中的争议解决方式仍为提交深圳国际仲裁院仲裁。中苑城公司在该合同上盖章后将文本送达运裕公司，并表示理解《产权交易合同》（草签版）需经北交所进行合规性审核后报中旅公司批准签署，最终合同签署版本以正式版本内容为准。5月17日，运裕公司一方邮件告知中苑城公司审批流程正在进行中，并发送《产权交易合同》（拟签署版），该文本中的仲裁条款仍与草签版相同。此后，经运裕公司上级单位合规性审查，运裕公司对合同实体内容提出若干实质修改要求，中苑城公司未同意，双方最终未正式签署《产权交易合同》。后中苑城公司向深圳国际仲裁院提起仲裁，运裕公司向法院申请确认不存在有效的仲裁协议。

上述案件涉及的法律问题可以归结为：第一，作为主合同条款的仲裁条款，应如何理解其独立性？第二，在当事人对主合同是否成立发生争议时，应当如何判断仲裁条款是否成立？

《仲裁法》第19条第1款规定：“仲裁协议独立存在，合同的变更、解除、终止或者无效，不影响仲裁协议的效力。”该条文并未明确规定仲裁条款能否独立于合同而成立。对此，最高法院在上述案件中展现了对仲裁条款独立性的立场观点及其论证思路。首先，最高法院裁定阐释了仲裁协议独立性的意涵，认为其是指“仲裁协议与主合同是可分的，互相独立，它们的存在与效力，以及适用于它们的准据法都是可分的”。具体到仲裁协议表现为合同中仲裁条款的情形，最高法院指出：“由于仲裁条款是仲裁协议的主要类型，仲裁条款与合同其他条款出现在同一文件中，赋予仲裁条款独立性，比强调独立的仲裁协议具有独立性更具实践意义，甚至可以说仲裁协议的独立性主要是指仲裁条款和主合同是可分的。”其次，在阐释仲裁条款独立性内涵的基础上，最高法院进一步对仲裁条款独立性的外延进行界定，认为“《仲裁法》第十九条第一款开头部分‘仲裁协议独立存在’，是概括性、总领性的表述，应当涵盖仲裁协议是否存在即是否成立的问题，之后的表述则是进一步强调列举的几类情形也不能影响仲裁协议的效力”。再次，在论证仲裁条款和主合同可分的基础上，最高法院以《仲裁法解释》第10条第2款[①]为直接依据，认定“在确定仲裁条款效力包括仲裁条款是否成立时，可以先行确定仲裁条款本身的效力；在确有必要时，才考虑对整个合同的效力包括合同是否成立进行认定”。最后，最高法院认为，判断双方是否就仲裁达成合意，应适用合同法关于要约、承诺的规定，运裕公司一方于2017年5月11日向中苑城公司发送的《产权交易合同》（草签版）争议解决方式为提交深圳国际仲裁院仲裁，这是运裕公司一方发出的要约，中苑城公司在该版本合同上盖章并将盖章合同文本送达运裕公司一方是承诺，故合同中的仲裁条款成立。

本文理解，最高法院上述裁判观点的实质是认为仲裁条款“从生到死”均与主合同无关，故考察仲裁条款是否成立，只需考虑该条款本身而无须考虑主合同的情况。这与最高法院此前观点不同。《最高人民法院仲裁法司法解释的理解与适用》一书中写道：“作为主合同组成部分的仲裁条款是针对合同的法律关系而起作用的，既然主合同未成立，那么附属于合同的仲裁条款就因此丧失了存在的基础，即所谓‘皮之不存，毛将焉附’。”[②]“如果认为双方当事人在谈判过程中未对仲裁条款提出异议，但因对合同其他条款未能达成一致而导致合同未成立，则不能视为双方就其合同争议的解决达成了仲裁协议。因为一方当事人提供含有仲裁条款的合同属于一种要约行为，对方当事人就合同的其他条款提出修改意见属于反要约或者新要约。作为反要约或者新要约组成部分的仲裁条款，仍然需要对方当事人的承诺才能构成有效的仲裁协议。如果仅仅因为一方当事人提供的合同范本或者格式合同中存在仲裁条款，就不管当事人是否就合同的全部条款包括仲裁条款达成合意，而认定单方拟定的仲裁条款具有约束双方当事人的效力，实践中可能产生极不公平的结果。”[③]上述观点可以归纳为，除非当事人另有明确表示，否则不应抛开主合同来判断仲裁条款是否成立。

国际仲裁司法审查实践中亦有法院认为不应抛开主合同来判断仲裁条款

---

① 《仲裁法解释》第10条第2款：“当事人在订立合同时就争议达成仲裁协议的，合同未成立不影响仲裁协议的效力。”

② 沈德咏、万鄂湘主编：《最高人民法院仲裁法司法解释的理解与适用》，人民法院出版社2015年版，第100页。

③ 沈德咏、万鄂湘主编：《最高人民法院仲裁法司法解释的理解与适用》，人民法院出版社2015年版，第101页。

是否成立。新加坡高等法院审理的 BCY v BCZ［2016］SGHC 249 一案中，原告在主合同第二稿中提出仲裁条款并取代原来的法院管辖条款，双方逐条磋商合同条款后，仲裁条款从第四稿起未再变化，但双方最终未能签署主合同。关于该仲裁条款的效力，新加坡高等法院判决指出：虽然原告在主合同第二稿文本中提出仲裁条款并取代原来的法院管辖条款，但这不代表其有意受到独立于主合同的仲裁条款的约束，问题的关键在于各方当事人是否同意没有缔结主合同的情况下，有意缔结一项独立的、产生具有约束性权利义务的仲裁协议；尽管第四稿后仲裁条款再无变化，但这不意味着当事人希望仲裁条款独立于主合同先成立；基本原则是，同意仲裁条款的措辞不等同于在签署包含仲裁条款的主合同之前，当事人希望仲裁条款先产生约束效力；各方当事人的往来沟通表明，包括仲裁条款在内的所有条款均受制于主合同，在主合同订立前，任何有拘束力的仲裁协议都没有成立；基于上述理由，裁决当事人在主合同签署前，没有达成有拘束力的仲裁协议。

本文认为，两种立场各有其道理，但在把握仲裁条款独立性的边界时，不应只做概念上的思辨，还应做经验上的检验。按照仲裁条款的成立与主合同无关的立场进行推论，当事人在磋商包含仲裁条款的合同时，包含了两个合同的缔约过程，一是就表现为仲裁条款的仲裁协议的缔约过程，二是就除仲裁条款以外的合同的缔约过程；两个合同的缔结过程完全独立、互不影响，应分别按照“要约—承诺”的规则检验是否成立。上述思路在逻辑上是精致、细腻的，但问题在于，人为地将一个合同的缔结过程区分为独立的两步，是否符合商事主体的一般认知和实践？

商业实践中，鲜见当事人独立磋商和订立主合同中仲裁条款和其他条款的情形，更难观察到当事人有不论主合同是否成立，都愿意成立该合同中的仲裁条款的意思表示。基于两者“一体磋商、一体成立”的实践常态，《中华人民共和国民法典》（以下简称《民法典》）第 470 条第 1 款①、第 488 条②将争议

① 《民法典》第 470 条第 1 款：“合同的内容由当事人约定，一般包括下列条款：（一）当事人的姓名或者名称和住所；（二）标的；（三）数量；（四）质量；（五）价款或者报酬；（六）履行期限、地点和方式；（七）违约责任；（八）解决争议的方法。”

② 《民法典》第 488 条：“承诺的内容应当与要约的内容一致。受要约人对要约的内容作出实质性变更的，为新要约。有关合同标的、数量、质量、价款或者报酬、履行期限、履行地点和方式、违约责任和解决争议方法等的变更，是对要约内容的实质性变更。”

解决条款在主合同中的地位和成立规则预设为，争议解决方法属于合同的实质性内容，缔约过程中对争议解决方法的变更，是对要约内容的实质性变更。因此，要突破实践常态和预设的任意性规则，须以当事人的意思表示为依据，即应以当事人表示同意仲裁条款和主合同其他条款相互独立，仲裁条款独立于主合同而成立为依据。

认为仲裁条款的成立与主合同无关的观点可能认为，当事人在合同磋商过程中未对仲裁条款提出修改意见，已表明当事人同意将与合同有关的争议提交仲裁，故在当事人对合同是否成立，甚至合同不成立时的责任分配发生争议时，允许将该等争议提交仲裁，不违背当事人可以推知的意思。对此本文认为，仅以当事人未对仲裁条款提出修改意见，并不能得出当事人已对提交仲裁达成合意的结论。

第一，根据《民法典》第472条第2项①、第488条的规定，要约须“表明经受要约人承诺，要约人即受该意思表示约束”，“承诺的内容应当与要约的内容一致”。因此，当事人在磋商过程中即使未修改仲裁条款内容，但对是否立即接受仲裁条款的约束表示保留意见时，尚不能认定当事人已达成合意。在前述案件中，运裕公司一方在2017年5月11日向中苑城公司发送包括仲裁条款的《产权交易合同》（草签版）时，明确表示合同尚需提交北交所和上级公司审批，最终确认后方可签署。运裕公司一方在此作出的意思表示是有保留的，故既不属于对中苑城公司5月10日发来合同文本中的仲裁条款的承诺，也不属于新的要约。

第二，按照最高法院裁定中的逻辑，只要当事人在磋商过程中未修改仲裁条款，就可以认定当事人达成了仲裁协议。采取这种解释思路，结果将是当事人在磋商初期未对仲裁条款提出修改意见，应认定为达成仲裁协议A，如后续磋商过程中又修改仲裁条款，则属于将仲裁协议A变更为仲裁协议B。照此逻辑推论，即使当事人未对仲裁协议B达成一致，也不影响已达成的仲裁协议A。这种解释过程和结果，显然难以找到当事人意思表示上的依据。实践中，当事人对合同条款暂时未提出修改意见，并不意味着条款永远不会被修改，只要是在合同订立前，合同条款都存在变更的可能。特别是，争议

① 《民法典》第472条：“要约是希望与他人订立合同的意思表示，该意思表示应当符合下列条件：（一）内容具体确定；（二）表明经受要约人承诺，要约人即受该意思表示约束。”

解决条款又被称作“午夜条款”，这反映的商业实践常态是，当事人在确定完主要权利义务之后，才着手敲定争议解决条款。换言之，除非当事人另有明确的意思表示，不到合同“尘埃落定”时，就很难确定地证明当事人达成了仲裁协议。因此，截取当事人在缔约过程中的某个阶段未修改仲裁条款的事实，就认定当事人对仲裁条款达成了合意，实质上剥夺了当事人的缔约自由，并不妥当。

基于上述分析，本文认为，最高法院裁定明确体现了司法支持仲裁的取向，值得肯定和赞赏，但完全抛开主合同是否成立而独立判断仲裁条款是否成立的裁判思路，尚值商榷。

（二）“仲裁不成，可向法院起诉”条款的效力

实践中，不少仲裁协议约定“仲裁不成，可向法院起诉”，对于此类仲裁协议的效力，各地法院争议较大，其焦点问题是该类条款是否属于《仲裁法解释》第 7 条规定“或裁或诉”的无效情形，以及是否因违反《仲裁法》第 9 条规定的“一裁终局”原则而无效。

目前，我国司法实践已就部分“或裁或诉”条款衍生问题形成了一定裁判意见，例如：“或裁或诉”的前提是仲裁及诉讼条款针对同一争议事项；[①]“或裁或诉”导致仲裁协议无效，但不必然影响诉讼条款的效力，当事人约定的诉讼协议管辖条款是否有效应根据诉讼管辖规则进行独立的判断；[②]对约定以仲裁作为争议解决方式，但又在协议中使用了“原告”“被告”“起诉”等诉讼相关字词，造成表述瑕疵的仲裁协议，应结合合同其他部分约定，综合判断当事人是否达成通过仲裁解决纠纷的意思。[③]

但是，就约定“仲裁不成，可向法院起诉”的仲裁协议效力问题，司法实践尚存争议。有裁判认为，“任意一方对仲裁结果提出异议的，可向合同签订地法院提出起诉”的约定不符合《仲裁法》第 9 条关于“一裁终局”的规定，违反了仲裁排除法院管辖的基本原则，构成“或裁或诉”，故仲裁协议应属无

① 河北省石家庄市中级人民法院（2020）冀 01 民特 35 号，安徽省池州市中级人民法院（2019）皖 17 民特 9 号，重庆市第一中级人民法院（2018）渝 01 民特 41 号、（2018）渝 01 民特 71 号，北京市第四中级人民法院（2017）京 04 民特 28 号。

② 最高法院（2016）最高法民辖终 39 号、（2016）最高法民辖终 285 号。

③ 江苏省南京市中级人民法院（2018）苏 01 民特 26 号、（2018）苏 01 民特 107 号。

效；[①] 但仲裁条款无效不影响双方协议选择管辖法院的约定。[②] 也有裁判认为，“仲裁不成，可向法院起诉（上诉）”的表述实质是约定仲裁优先，并不符合“或裁或诉”条款将两种争议解决方式并列的特征，[③] 其关于诉讼的约定虽因违反“一裁终局”而无效，但不属于仲裁协议的内容，不影响仲裁约定的效力。[④] 其中，有裁判进一步将“仲裁不成，可向 ×× 法院起诉”的表述解释为，双方对于仲裁裁决被撤销的情形下，亦就法院管辖作出约定，故当事人对于仲裁与诉讼的选择有先后顺序，并不违反“一裁终局”的基本原则。[⑤]

本文认为，从《仲裁法》第 9 条、第 16 条、第 17 条等规定来看，“一裁终局”是有效仲裁协议的法律后果，而非仲裁协议的有效要件。因此，以是否违反“一裁终局”原则来判断“仲裁不成，可向法院起诉”条款的效力，逻辑上并不妥当。

真正需要讨论的问题是，这种约定是否构成“或裁或诉”条款而无效？对此本文认为，从立法目的来看，“或裁或诉”条款之所以无效，是因为仲裁和诉讼系非此即彼关系，二者不能“并存”，如允许此类条款，可能导致一方提起仲裁而另一方提起诉讼的情况，导致司法秩序混乱和司法资源浪费。因此，所谓“或裁或诉”的无效情形应当限定于当事人将仲裁与诉讼作为两种并列、非排他的争议解决方式。但是，类似“仲裁不成，可向法院起诉”的约定，明显对仲裁与诉讼的选择进行了顺位安排，体现了当事人优先选择仲裁的意思，不至于引起“或裁或诉”条款的负面后果。故司法在这个问题上应秉持尊重当事人意思自治和支持仲裁的原则，对仲裁协议效力的认定不应僵化，如通过条文解释能够得出当事人具有将争议优先提交仲裁的意思，则不宜否定仲裁协议的效力。

另需讨论的是，类似“若仲裁不成，则由 ×× 法院管辖”的约定，应当如何理解？上文提及，有裁判认为该约定的含义实质是双方对于仲裁裁决被撤

① 最高法院（2013）民二终字第 81 号。

② 湖南省长沙市中级人民法院（2018）湘 01 民辖终 645 号。

③ 广东省广州市中级人民法院（2020）粤 01 民特 841 号，湖南省常德市中级人民法院（2019）湘 07 民特 40 号，北京市第二中级人民法院（2017）京 02 民特 85 号。

④ 浙江省杭州市中级人民法院（2019）浙 01 民特 270 号，上海市第一中级人民法院（2018）沪 01 民特 674 号，安徽省合肥市中级人民法院（2017）皖 01 民特 317 号，北京市第三中级人民法院（2016）京 03 民特 289 号。

⑤ 河南省郑州市中级人民法院（2018）豫 01 民特 12 号。

销的情形下，亦就法院管辖作出约定。本文认为，这一解释需要进一步分析完善。首先，从文义上，“仲裁不成”宜理解为未能通过仲裁解决争议，既包括仲裁协议被确认无效而无法通过仲裁解决争议的情况，亦包括仲裁裁决被撤销或被裁定不予执行，或裁决因内容不明确而无法执行的情况，故简单将“仲裁不成”理解为“仲裁裁决被撤销”，有失全面。其次，《仲裁法》第 9 条第 2 款规定：“裁决被人民法院依法裁定撤销或者不予执行的，当事人就该纠纷可以根据双方重新达成的仲裁协议申请仲裁，也可以向人民法院起诉。”据此，在仲裁裁决被裁定撤销或者不予执行的情况下，除非当事人另行达成仲裁协议，否则当事人只能通过诉讼解决争议。此时，从充分尊重当事人意思自治的角度出发，“则由 ×× 法院管辖”的约定可以理解为当事人对这种情况下的诉讼管辖也作了安排，如不违反级别管辖、专属管辖等强制性规定，则可以认可其效力。在仲裁协议被确认无效的场合，也可作类似解读。最后，关于仲裁裁决因内容不明确而无法执行情形下的救济路径，法律、司法解释尚未作出明确规定，但此种情形本质上也属于仲裁未能解决当事人争议的情况，可考虑通过司法解释的方式允许当事人参照《仲裁法》第 9 条第 2 款的规定处理。

（三）仲裁机构名称不准确的仲裁协议效力

实践中，一些当事人约定的仲裁机构名称不够准确，例如，仲裁协议约定仲裁机构为“北京市仲裁委员会”。对于此类仲裁条款的效力，从尊重当事人意思自治、尽量使仲裁协议有效的原则出发，当前主流裁判观点认为，虽然北京市存在多家仲裁机构，但“北京市仲裁委员会”与“北京仲裁委员会”在名称上最为接近，亦不会与中国国际经济贸易仲裁委员会、中国海事仲裁委员会等北京市内其他仲裁机构的名称产生混淆，故依照《仲裁法解释》第 3 条之规定，应当认定当事人选定北京仲裁委员会为仲裁机构。不过，《最高人民法院关于如何确认仲裁机构名称约定不明确的仲裁协议的效力的请示的复函》（〔2005〕民立他字第 55 号）曾认为：“仲裁协议约定由‘×× 市仲裁委员会’仲裁的，如‘×× 市’只有一家仲裁委员会，应当认定约定的仲裁机构系指‘×× 仲裁委员会’；如‘×× 市’有多家仲裁委员会，应当认为约定的仲裁机构不明确。”目前，仍有少数法院持此观点。[①]

① 吉林省高级人民法院（2018）吉民辖终 39 号，新疆维吾尔自治区高级人民法院建设兵团分院（2018）兵民辖终 2 号。

本文认为，上述分歧的实质可能是，约定仲裁机构为“××市仲裁委员会”，所谓“××”系指仲裁机构所在地，还是仲裁机构名称的一部分，抑或是二者兼而有之？对此问题，因不同时代对仲裁机构与法院管辖界分认识不同，自可得出不同结论。在支持仲裁、尽量使仲裁协议有效已逐渐成为共识的时代背景下，对“××”进行解释，可以认为其既指向仲裁机构所在地，又指向仲裁机构名称组成，从而尽量使“××”能够指向确定的仲裁机构。因此，“北京市仲裁委员会”宜认定指“北京仲裁委员会”，“上海市仲裁委员会”宜认定指“上海仲裁委员会”。

（四）破产程序对仲裁协议效力的影响

《中华人民共和国企业破产法》（以下简称《企业破产法》）第21条规定：“人民法院受理破产申请后，有关债务人的民事诉讼，只能向受理破产申请的人民法院提起。”该条是否适用于当事人之间订有仲裁协议的情形，素有争议。一些法院认为，该条是对法院受理破产申请后，对债务人民事诉讼管辖法院的特别规定，属于强制性规范，法院和当事人均应遵照，故不能以当事人之间存在仲裁协议予以排除。[①] 但是近年来，理论和实践的主流观点逐渐认为，《企业破产法》第21条仅是针对民事诉讼所作出的集中管辖规定，并未否定仲裁协议的效力，不应影响当事人提起仲裁的权利。[②] 同时应看到的是，上述实践分歧主要发生在当事人向法院起诉的程序中，但在仲裁司法审查程序中，则鲜见法院以当事人进入破产程序而认定仲裁协议无效或者撤销仲裁裁决的案例，此阶段法院普遍认为，当事人进入破产程序不影响仲裁协议的效力，《企业破产法》第21条的规定也不是申请撤销仲裁裁决的事由。[③]

值得注意的是，《最高人民法院关于适用〈中华人民共和国企业破产法〉若干问题的规定（三）》第8条规定：“债务人、债权人对债权表记载的债权有异议的，应当说明理由和法律依据。经管理人解释或调整后，异议人仍然不

① 海南省第二中级人民法院（2015）海南二中立终字第3号，甘肃省高级人民法院（2014）甘民二终字第22号。

② 广东省佛山市中级人民法院（2019）粤06民特105号，浙江省高级人民法院（2018）浙民辖终120号，广西壮族自治区高级人民法院（2018）桂民辖终35号，北京市第四中级人民法院（2018）京04民特479号。

③ 北京市第四中级人民法院（2018）京04民特240号，重庆市第一中级人民法院（2018）渝01民特181号、（2018）渝01民特386号，广东省广州市中级人民法院（2017）粤01民特1297号。

服的，或者管理人不予解释或调整的，异议人应当在债权人会议核查结束后十五日内向人民法院提起债权确认的诉讼。当事人之间在破产申请受理前订立有仲裁条款或仲裁协议的，应当向选定的仲裁机构申请确认债权债务关系。”据此，破产债权确认纠纷仍应按照当事人事先订立的仲裁协议提交仲裁。至于债务人进入破产程序后产生的其他纠纷是否适用破产申请受理前订立的仲裁协议，司法解释未予涉及，本文认为，当事人进入破产程序并非法定的仲裁协议失效情形，破产程序与仲裁程序也不存在相互排斥的关系，宜认可破产申请受理前订立的仲裁协议效力原则上不受破产程序的影响。

（五）无涉外因素争议选择境外仲裁的仲裁协议效力

关于无涉外因素争议提交境外仲裁的仲裁协议效力，《仲裁法》未作规定。《民事诉讼法》第 271 条第 1 款规定：“涉外经济贸易、运输和海事中发生的纠纷，当事人在合同中订有仲裁条款或者事后达成书面仲裁协议，提交中华人民共和国涉外仲裁机构或者其他仲裁机构仲裁的，当事人不得向人民法院起诉。”长期以来，我国司法实践普遍认为上述规定未允许当事人将无涉外因素的纠纷约定提交境外仲裁，故此类仲裁协议无效。[①]

近年来，随着我国对外开放水平不断提高，特别是伴随自由贸易区的设立，我国法院开始通过援引《最高人民法院关于适用〈中华人民共和国民事

---

① 例如，《最高人民法院关于江苏航天万源风电设备制造有限公司与艾尔姆风能叶片制品（天津）有限公司申请确认仲裁协议效力纠纷一案的请示的复函》（〔2012〕民四他字第 2 号）认为：“由于仲裁管辖权系法律授予的权力，而我国法律没有规定当事人可以将不具有涉外因素的争议交由境外仲裁机构或者在我国境外临时仲裁，故本案当事人约定将有关争议提交国际商会仲裁没有法律依据。”《最高人民法院关于北京朝来新生体育休闲有限公司申请承认大韩商事仲裁院作出的第 12113-0011 号、第 12112-0012 号仲裁裁决案件请示的复函》（〔2013〕民四他字第 64 号）认为：“我国法律未授权当事人将不具有涉外因素的争议交由境外仲裁机构或者在我国境外临时仲裁，故本案当事人约定将争议提交大韩商事仲裁院仲裁的条款属无效协议，且该仲裁协议之效力瑕疵不能因当事人在仲裁程序中未提出异议而得到补正，仲裁庭对本案争议不享有管辖权。”《江苏省高级人民法院关于审理民商事仲裁司法审查案件若干问题的意见》（2010 年修正）第 17 条规定：“对没有涉外因素的民商事纠纷，当事人约定提请外国仲裁机构仲裁或者在外国进行仲裁的，仲裁协议无效。”

诉讼法〉的解释》第522条[①]、《最高人民法院关于适用〈中华人民共和国涉外民事关系法律适用法〉若干问题的解释（一）》第1条[②]的兜底条款，放宽对涉外因素的认定，减少对当事人选择境外仲裁的限制。例如，《最高人民法院关于西门子国际贸易（上海）有限公司申请承认与执行外国仲裁裁决一案的请示的复函》（〔2015〕民四他字第5号）以案件属于涉自贸区案件，双方当事人均为外资独资子公司，双方均实质参与全部仲裁程序等为由，结合禁止反言、诚实信用和公平合理等公认的法律原则，认为双方法律关系属于“可以认定为涉外民事关系的其他情形”，故应予承认与执行双方之间由新加坡国际仲裁中心在新加坡作出的裁决。2016年，《最高人民法院关于为自由贸易试验区建设提供司法保障的意见》（法发〔2016〕34号）进一步明确规定：“在自贸试验区内注册的外商独资企业相互之间约定商事争议提交域外仲裁的，不应仅以其争议不具有涉外因素为由认定相关仲裁协议无效。一方或者双方均为在自贸试验区内注册的外商投资企业，约定将商事争议提交域外仲裁，发生纠纷后，当事人将争议提交域外仲裁，相关裁决做出后，其又以仲裁协议无效为由主张拒绝承认、认可或执行的，人民法院不予支持；另一方当事人在仲裁程序中未对仲裁协议效力提出异议，相关裁决作出后，又以有关争议不具有涉外因素为由主张仲裁协议无效，并以此主张拒绝承认、认可或执行的，人民法院不予支持。”2018年，《最高人民法院关于为海南全面深化改革开放提供司法服务和保障的意见》（法发〔2018〕16号）再次指出：“自由贸易试验区或自由贸易港民商事案件的主体之间约定将争议提交域外仲裁解决的，不宜以无涉外因素为由认定无效。当事人向人民法院申请执行的，人民

① 《最高人民法院关于适用〈中华人民共和国民事诉讼法〉的解释》第522条：“有下列情形之一，人民法院可以认定为涉外民事案件：（一）当事人一方或者双方是外国人、无国籍人、外国企业或者组织的；（二）当事人一方或者双方的经常居所地在中华人民共和国领域外的；（三）标的物在中华人民共和国领域外的；（四）产生、变更或者消灭民事关系的法律事实发生在中华人民共和国领域外的；（五）可以认定为涉外民事案件的其他情形。”

② 《最高人民法院关于适用〈中华人民共和国涉外民事关系法律适用法〉若干问题的解释（一）》第1条：“民事关系具有下列情形之一的，人民法院可以认定为涉外民事关系：（一）当事人一方或双方是外国公民、外国法人或者其他组织、无国籍人；（二）当事人一方或双方的经常居所地在中华人民共和国领域外；（三）标的物在中华人民共和国领域外；（四）产生、变更或者消灭民事关系的法律事实发生在中华人民共和国领域外；（五）可以认定为涉外民事关系的其他情形。”

法院依照《中华人民共和国民事诉讼法》第二百八十三条的规定处理。”

需要注意的是，上述司法政策仅适用于当事人一方或双方为自贸试验区主体的情形，其逻辑仍是通过放宽对涉外因素的认定来减少干预，而非允许无涉外因素的争议可以提交境外仲裁。对于确无涉外因素的争议，目前法院仍倾向于否定将其提交境外仲裁的仲裁协议效力。[①]

五、结语

总体来看，在支持仲裁的司法政策导向下，我国确认仲裁协议效力案件的司法实践呈现尽量使仲裁协议有效的倾向。但在一些具体问题上，由于《仲裁法》《仲裁法解释》等法律、司法解释的表述不够清晰，实践中存在分歧认识，裁判标准仍需进一步统一。

此外，我国未规定仲裁庭享有完全的自裁管辖权，引发了确认仲裁协议效力程序与仲裁程序，确认仲裁协议效力与撤销仲裁裁决、不予执行仲裁裁决程序之间的体系性矛盾。对此，在立法未修改前，应当准确把握《仲裁法》对法院在仲裁前、仲裁后的司法审查权限的配置，避免确认仲裁协议效力程序中的初步审查结果，对仲裁程序、撤销仲裁裁决审查程序、不予执行仲裁裁决审查程序产生不当干扰。

---

① 上海市高级人民法院（2018）沪民申921号，上海市第一中级人民法院（2019）沪01民终12056号。

专利仲裁制度研究

陈　健*

● **摘　要**

本文重点研究了美国专利仲裁制度的基本机制和法律适用，以期能够对美国专利仲裁制度有较为深入的理解，深入分析研究了发展专利仲裁的障碍及其解析，并且对专利仲裁制度的可行性进行了展望，希望有助于我国知识产权仲裁制度的完善。

● **关键词**

专利　仲裁　无效宣告

Abstract: This article focuses on the basic mechanism of American patent arbitration system and the application of law, in order to have a more thorough understanding of the American patent arbitration system. This article also analyses and researches barriers of the development of patent arbitration and its resolution and the feasibility of patent arbitration system, hopes to help the improvement of the arbitration system of intellectual property rights in China.

Key Words: patent, arbitration, invalidation declaration

---

* 陈健，中国政法大学民商经济法学院知识产权法研究所副所长，北京仲裁委员会/北京国际仲裁中心仲裁员。

一、世界各国专利案件的可仲裁性动向

专利的可仲裁性，在各国的规定有很大的差异。有许多国家不允许涉及公共政策的争端进行仲裁，主要原因在于，仲裁不能处理只能由国家机关处理的争端。在这些国家，带有公共性质的争端，是不可仲裁的。对于专利有效性问题进行的裁决是无效的，并且当事人之间的这种仲裁协议也是不可执行的。在这些国家，专利侵权案件也是不可仲裁的。

有一些国家则持宽松的立场，允许涉及专利有效性和侵权问题进行仲裁。在这些国家，尊重当事人的契约自由，允许所有专利问题，包括专利有效性问题，都可以提请仲裁。然而，仲裁只能在当事人之间发生效力，并且对于第三人的权利和义务没有任何效力。因此，如果仲裁庭认为一项专利无效，并不排除该专利针对其他人依然有效。例如，在美国允许任何关于专利的争端进行仲裁，即使争端涉及专利的效力问题，也是可以仲裁的。在英国涉及专利效力的请求也通常会被仲裁庭接受。加拿大专利仲裁，一般来说，仲裁庭的专利裁决可以在加拿大法院执行。加拿大的专利仲裁，可以采取任何仲裁机构的规则，或创建自己的程序规则。有关专利有效性的仲裁裁决是对人的，因此在双方当事人之间起作用。仲裁庭的裁决可以通过加拿大省级高级法院来执行，该法院可以发布禁令，并通过裁定任何侵权者藐视法庭来强制执行。

在这些国家，关于专利有效性的裁决只对仲裁当事人有约束力。专利有效性要求的可仲裁性取决于当事人就该要求达成和解的能力，和解协议的结果直接影响的只有当事人双方。简单地说，只有在协议的效力仍在各方之间时，各方才允许达成一项有约束力的协议。仲裁庭不得对所有第三方宣布专利无效。如果一方想要一份对所有第三方都有约束力的专利无效声明，那么它别无选择，只能让专利法院来裁决专利的有效性问题。

另有一些国家采取中间道路，允许当事人就侵犯专利问题进行仲裁，但不允许就效力问题进行仲裁。这类国家包括德国、法国、意大利、日本和西班牙。[①] 如果争议的事项是不可仲裁的，当事人之间存在仲裁协议，法院也并不

---

① Alejandro Garcia，Sophie Lamb，*Arbitration of Intellectual Property Disputes*，The European & Middle Eastern Arbitration Review 2008.

会禁止当事人将案件提交给仲裁庭。例如德国专利仲裁，虽然专利侵权问题在德国是可以仲裁的，但是专利有效性问题传统上被认为不属于仲裁的范围。德国将私法上的侵权主张与公法上的效力问题区分开来。专利的有效性由联邦专利局决定。在1998年对仲裁法进行重大改革之前，专利有效性争议被认为是不可仲裁的。在1998年对《民事诉讼法典》（ZPO）进行修改后，商业和私人财产问题成为可仲裁的，ZPO第1030条规定了德国法律中的“客观可仲裁性”：任何私人财产事项都可以成为仲裁协议的主题。这些变化肯定了专利侵权权利主张的可仲裁性，这些都是涉及私有财产的事项，但对权利主张有效性的状态几乎没有改变。

WIPO下设仲裁和调解中心，也处理专利仲裁案件。该中心处理了许多涉及专利侵权和有效性的案件，更多的是涉及美国和欧盟的专利。该中心的实践表明包括WIPO仲裁条款在内的许可协议数量在增加，并预计随着这些许可引起的纠纷，案件数量将会增加。[①] 为了促进当事人合意将争议提交WIPO仲裁和调解中心，WIPO中心提供了推荐性的合同中使用的ADR条款。

二、美国专利仲裁的法律机制

在美国，涉及公共政策问题的争议以前是不可仲裁的，但在20世纪80年代以后逐渐放开，可以由仲裁机构进行仲裁。1983年之前，在美国，专利的有效性和请求实施或执行，是不可仲裁的。1983年，美国国会在《美国法典》第35章中增加了第294条，该条规定明确允许专利有效性、可执行性和侵权争端的自愿的仲裁。专利争议的可仲裁性，是由里根总统在1982年8月27日签署的Public Law 97–247所规定的，该法规定了各种类型的专利争端可以进行自愿仲裁，包括效力和侵权问题。该法后来成为《美国专利法》第294条，在1983年2月27日生效。

按照《美国专利法》第294条第2款的规定，所有第282条定义下的专利争议，“如果任一方当事人提起仲裁程序，都可以由仲裁员审理”。目前，美国专利的各种争端，都可以提交仲裁：包括权利、效力、可执行性、滥用和

① M.A. Smith, M. Cousté, T. Hield, R. Jarvis, M. Kochupillai, B. Leon, J.C. Rasser, M. Sakamoto, A. Shaughnessy, J. Branch,（ARBITRATION OF PATENT INFRINGEMENT AND VALIDITY ISSUES WORLDWIDE）, Harvard Journal of Law and Technology, Spring, 2006.

反垄断问题。事实上任何对于美国专利的争议，都可以按照第 294 条判定属于仲裁裁决的范围。此外，涉及专利许可使用费协议，也可以提交仲裁裁决。

《美国专利法》第 294 条第 1 款明确规定，涉及专利权的合同可以事先或事后约定将有关专利效力及专利侵权的争议提交仲裁，只要此协议不违背现存成文法或衡平法关于合同的规定，就具有法律约束力，不可撤销。

美国允许当事人通过合同确定专利争议由仲裁解决。有关任何专利权益之协议书中，得包含专利效力或侵权纠纷得能通过仲裁解决之约定，任何约定或同意书应为有效，不可撤回，且为可执行者，但依现行法或依财产权益可撤销该契约者不在此限。

《美国专利法》第 294 条第 2 款规定，在不违背专利法的前提下，仲裁程序适用仲裁法，同时要求仲裁员在程序中保障当事人依据《美国专利法》第 282 条提出关于专利无效或侵权的抗辩理由。

《美国专利法》第 294 条第 3 款规定，仲裁裁决对双方当事人有终局效力，但是对任何第三方没有拘束力。因此，仲裁员不可能作出裁决，使一件专利无效并且该无效裁决具有“公共”效力。[①]“在仲裁裁决中认定的专利无效，构成对于该案中的被诉侵权人的永远自由的许可，但依然可以向第三人在法院提起侵权诉讼。”[②] 无效裁决对被指控的侵权人来说相当于对专利的永久许可，但专利仍然可以对非当事人强制执行。

专利仲裁也可以用于在其他诉讼程序中对当事人使用禁反言原则，在仲裁中提出的证据可以在以后的诉讼中再次使用，所采取的立场在另一个案件中可能具有司法禁反言的效果。禁反言原则可以防止当事人根据法律或事实问题的特定立场获得救济后，在以后的诉讼中与该立场相抵触。仲裁的立场或在仲裁中采取的立场，可以产生禁反言的效果。有关专利有效性的仲裁裁决是对人的，因此在双方当事人之间起作用。因此，如果禁反言的要件成立，

---

① M.A. Smith，M. Cousté，T. Hield，R. Jarvis，M. Kochupillai，B. Leon，J.C. Rasser，M. Sakamoto，A. Shaughnessy，J. Branch，ARBITRATION OF PATENT INFRINGEMENT AND VALIDITY ISSUES WORLDWIDE，Harvard Journal of Law and Technology，Spring，2006.

② Daniel Schimmel，Ila Kapoor，RESOLVING INTERNATIONAL INTELLECTUAL PROPERTY DISPUTES IN ARBITRATION，Intellectual Property & Technology Law Journal，February，2009.

认定专利无效的仲裁裁定，可用于防止专利权人在其他案件否认其专利无效。[①]

当事人可以约定将来专利权被司法判决宣告无效时，任何一方得以向有管辖权的法院请求对认为专利权有效的仲裁裁决进行适当调整。下列两种情况下，当事人不可申请调整：其一，事前没有在仲裁协议中达成可以申请变更的协议；其二，如果仲裁裁决认为专利无效，而事后法院认为有效，当事人亦不可申请变更。这一规定主要针对在仲裁庭认定专利有效，而事后法院在其他案件中宣布专利无效时，提供调整的机会，否则会出现对其中一方不合理的结果。

《美国专利法》第 294 条第 4 款、第 5 款要求专利权人或代理人等将有关仲裁的情况，通知专利机关，并强调在专利机关收到该通知以前，该仲裁裁决不具有执行力。仲裁结果应当通知专利局局长，否则不生效力。在仲裁员决定仲裁之后，该专利权人、其指定人，或授权使用人应以书面将仲裁结果通知专利局局长，在仲裁进行中相关之每项专利均应有一份书面通知告知专利局局长，在通知书中应包含仲裁双方之姓名、地址、发明人姓名，及专利权人姓名，并应指出专利号码；另须附上仲裁金额之复印件，若该仲裁金额经法院调整，则向法院要求调整之一方应将该调整通知书寄给专利局局长，而在专利局局长接获该通知书后，应将其内容记载于该专利诉讼法律之记录，若应寄发之通知书未送至专利局局长处，则仲裁程序中有关之任一方均可将该书面通知提供给专利局局长。

1984 年，美国国会进一步扩大了知识产权争议非官方解决机制，通过了两个法规，这两个法规在 1984 年 11 月 8 日生效。1984 年的《美国专利法修正案》在《美国专利法》第 135 条内增加了一个（d）款，规定了专利冲突的仲裁。1984 年的《半导体芯片保护法》规定，如果侵犯芯片产品权利，当事人可以自愿协商、调解或仲裁，在没有上述约定的情况下可以起诉。

《美国专利法》允许就专利侵权、效力和冲突进行仲裁。这些规定甚至被更宽泛地解释为包括发明主体问题，也可以进行仲裁。按照这些规定进行的仲裁，如果对专利的效力产生影响，这一裁决只在当事人之间有效。这一规定，

---

① M.A. Smith, M. Cousté, T. Hield, R. Jarvis, M. Kochupillai, B. Leon, J.C. Rasser, M. Sakamoto, A. Shaughnessy, J. Branch, ARBITRATION OF PATENT INFRINGEMENT AND VALIDITY ISSUES WORLDWIDE, Harvard Journal of Law and Technology, Spring, 2006.

显示出《美国专利法》强化非官方解决机制，加强民间参与性的做法。在专利诉讼成本非常高昂的美国，专利仲裁所具有的效益非常明显，仲裁更有效率、更为经济，成本更为合理，仲裁具有固有的秘密性、便利性、非正式性，仲裁也可以减少对正在发展的商业关系造成更大损害，这一点对于国际争端更为适用。尤其重要的是，当事人可以选择对于争端问题是专家并且更加熟悉的人作为仲裁员，这样对于专利这样的专业性比较强的案件来说，比在法院由法官审理，更为合适。

在最近几年，美国联邦巡回上诉法院一般来说，也是倾向于推动仲裁发展的。例如，巡回法院支持了地方法院的中止专利侵权诉讼而进行仲裁的判决[①]。巡回法院也解释了美国国际商会（American International Chamber of Commerce，AICC）在专利许可协议中的仲裁条款，并且认为关于被许可专利的权利保护范围问题，也是侵权问题。[②] 在 Utter v. Hiraga 一案中，对于《美国专利法》第 135 条（d）款规定的解释，并没有将关于可专利性的问题，排除在仲裁之外。

目前，美国仲裁协会也在尝试进一步发展法院外的专利争端解决机制，与国家专利委员会（National Patent Board，NPB）合作，美国仲裁协会于 2001 年 7 月 5 日宣布组建第一个国家专利委员会争端解决中心（NPBCDR）。NPBCDR 将管理所有使用美国仲裁协会专利仲裁规则仲裁，以及国家专利委员会规则审查的各种专利争端，NPBCDR 也将对于国家专利委员会培训程序、成员、网站和其他相关工作进行检查。专利咨询委员会将对 NPBCDR 提供建议，NPBCDR 有至少一个国家专利委员会以前的官员或理事领导。

三、我国发展专利仲裁的障碍与展望

（一）专利仲裁的障碍解析

专利仲裁的核心障碍在于专利有效性是否可行，不同的国家有不同的处理方法。有关专利有效性是否可行的困惑，源于试图同时回答三个相关问题。第一，在专利有效性问题上，与公众的相关利益是什么？专利有效性仲裁，是否会损害公共利益？第二，这些公共利益是否有必要在仲裁中得到充分保

---

① In re Medical Engineering Corporation，976 F.2d 746（Fed. Cir. 1992）.

② Rhône-Poulenc Spécialités Chimiques v. SCM Corp.，769 F.2d 1569（Fed. Cir. 1985）.

护？第三，限制专利有效性仲裁，是保护公共利益的最佳手段吗？[①]

专利制度的公共政策是激励发明、投资和披露。专利制度让发明者和投资者获得创新的回报。专利垄断只不过是促进一种不受欢迎但必要的激励。因此，专利的有效性问题，不过是作为激励而授予的特定垄断是否合理存在的问题。垄断的维持与专利权人期望得到的报酬有关。专利已经颁发的事实意味着它的激励功能已经实现，专利的无效，只是打破垄断与激励的平衡。认定专利无效，不过是不授予专利权人以激励，而这完全是个人的问题，并不存在公共利益问题。

由于仲裁是一个协商一致的过程，仲裁员的管辖权仅限于那些同意仲裁的人。根据这种思路，仲裁员不可能做出使专利无效，因而具有“公共”效果的裁决。[②] 仲裁的效力只能发生于当事人之间。在专利有效性问题上的公共利益体现在，有关专利有效性的纠纷有可能影响众多第三方的利益。但这一影响完全可以限制在双方当事人之间。如果专利仲裁将其效力限制于双方当事人之间，则对于公共利益没有损害。

如果国家主权授予了一项权利，只有国家主权才能消灭该权利。专利是由国家专利局授权，理应由国家专利局认定其无效。然而，美国学者认为这一论点也是不成立的，因为大多数专利制度允许专利权人自愿放弃权利。自愿放弃权利与自愿允许仲裁员决定是否认定权利无效，差别不大。[③] 如果当事人申请专利仲裁，相当于将专利无效性交由仲裁机构加以认定，这与专利放弃的效力一致。如果当事人认为自己的专利没有问题，不会被认定无效，完全可以通过提交专利仲裁而接受仲裁裁决，使案件获得更加快速便捷的处理。

美国专利规则要求在专利局对涉及专利有效或无效的裁决进行登记，以

---

① M.A. Smith, M. Cousté, T. Hield, R. Jarvis, M. Kochupillai, B. Leon, J.C. Rasser, M. Sakamoto, A. Shaughnessy, J. Branch, ARBITRATION OF PATENT INFRINGEMENT AND VALIDITY ISSUES WORLDWIDE, Harvard Journal of Law and Technology, Spring, 2006.

② M.A. Smith, M. Cousté, T. Hield, R. Jarvis, M. Kochupillai, B. Leon, J.C. Rasser, M. Sakamoto, A. Shaughnessy, J. Branch, ARBITRATION OF PATENT INFRINGEMENT AND VALIDITY ISSUES WORLDWIDE, Harvard Journal of Law and Technology, Spring, 2006.

③ M.A. Smith, M. Cousté, T. Hield, R. Jarvis, M. Kochupillai, B. Leon, J.C. Rasser, M. Sakamoto, A. Shaughnessy, J. Branch, ARBITRATION OF PATENT INFRINGEMENT AND VALIDITY ISSUES WORLDWIDE, Harvard Journal of Law and Technology, Spring, 2006.

便使第三方注意到仲裁程序。这一规则流程的益处在于，被指控的侵权者将面临一个选择：它可以在知道其专利无效性主张将被公开的情况下，依然要求进行专利仲裁。在专利的确存在问题时，专利权人可能不敢签订专利仲裁协议，从而相关案件不会提交专利仲裁。只有在专利权人确信专利没有问题时，才会将相关专利案件提交专利仲裁。在专利的确可能存在问题时，专利有效性的仲裁可以使侵权人更为积极地主张专利的无效。① 在这种情况下，使用仲裁和诉讼的效果是相同的，都会导致专利被积极地认定无效。因此，只有在专利不存在问题或者专利权人自认为专利不存在问题时，相关专利纠纷才会被提交仲裁。因此在提交专利仲裁的案件中，即使进行专利无效的流程，常常也不会导致专利的无效。在这种情况下，反而使双方当事人能够享受到商事仲裁的快速便捷是一大利益所在。

专利仲裁的另一个障碍是，仲裁员解决技术问题的能力相对较弱，不如法官具有较高的裁决能力。但这一观点也是不成立的，事实上，许多仲裁员比法官具有更好的技术专长，如果能够选择对争议事项有丰富经验的仲裁员，仲裁可能会成为一个更好的解决技术性问题的平台。②

专利仲裁的另一个益处在于，仲裁可以使当事人保持程序的私密性和机密性。保密性可能是选择仲裁的一个很好的理由，因为在仲裁中，让敏感的内部文件不被媒体和竞争对手窥视更容易。尤其是专利仲裁的结果涉及上市公司的状况时。③

目前仲裁中的意思自治成为世界流行的趋势。意思自治原则适用范围的扩大，使仲裁的范围得以进一步拓宽。众所周知，当事人意思自治是仲裁的基石，是商事仲裁法中的首要原则。但是这一原则要受到公共政策的限制，当事人

① M.A. Smith，M. Cousté，T. Hield，R. Jarvis，M. Kochupillai，B. Leon，J.C. Rasser，M. Sakamoto，A. Shaughnessy，J. Branch，ARBITRATION OF PATENT INFRINGEMENT AND VALIDITY ISSUES WORLDWIDE，Harvard Journal of Law and Technology，Spring，2006.

② M.A. Smith，M. Cousté，T. Hield，R. Jarvis，M. Kochupillai，B. Leon，J.C. Rasser，M. Sakamoto，A. Shaughnessy，J. Branch，ARBITRATION OF PATENT INFRINGEMENT AND VALIDITY ISSUES WORLDWIDE，Harvard Journal of Law and Technology，Spring，2006.

③ M.A. Smith，M. Cousté，T. Hield，R. Jarvis，M. Kochupillai，B. Leon，J.C. Rasser，M. Sakamoto，A. Shaughnessy，J. Branch，ARBITRATION OF PATENT INFRINGEMENT AND VALIDITY ISSUES WORLDWIDE，Harvard Journal of Law and Technology，Spring，2006.

约定的争议事项能否提交仲裁往往要受到公共政策的制约。然而，这种制约的范围和力度是有限的。既然仲裁在本质上是当事人通过仲裁协议解决彼此间争议的一种契约性安排，一旦当事人双方决定将争议提交仲裁，当事人的这种选择就应得到充分尊重，也应当尽量减少公共政策对当事人合意的限制。正因如此，公共政策的适用如今受到了相当程度的限制，而意思自治原则的适用范围却在进一步扩大。这种变化在立法实践中的反映，就是越来越多的国家将自由处分性或可和解性作为认定争议事项是否可以仲裁的标准。①

毋庸讳言的是，围绕专利有效性的任何争议都涉及公共利益，这些公共利益在仲裁中可能受到一定的冲击。专利仲裁制度完全能够将这种影响和冲击减少到最低限度，因为是否选择专利仲裁完全是当事人的意思自治的事务。专利仲裁的实践说明，限制专利仲裁已没有必要。相反，可以通过允许有效性可仲裁、仲裁裁决的效力限制、机密性、法律选择的协调系统来满足。这种制度将通过限制当事人在仲裁专利有效性或侵权问题时的选择，确保公共利益得到保护。②

（二）发展展望

"不可仲裁案件中的中心问题，是担心社会将由于公法争议事项提交仲裁而遭到损害。法院担心，公法问题对仲裁员而言太复杂，仲裁程序太不正规，仲裁员如同守护鸡笼的狐狸，其'亲商业的偏见'（a pro-business bias）将导致旨在保护公众的法律得不到执行。"③

晚近以来，各国对商事仲裁的态度发生了很大的转变，在相当大的程度上放松了对仲裁的司法限制。事实上，这种转变不仅体现了各国对仲裁的支持，更表明了各国对仲裁的信任。如今，越来越多的国家认识到，各国对提交仲裁的争议事项采取了更为包容和信任的态度，仲裁不再被认为是对政府在司法审判上垄断的一种可以容忍的侵犯，而被视为一种能够公平解决争议的机制，一个能向参与国际交易的当事人提供法律保障的平台。在此种情况下，当事人应当享有选择中立而公正的裁判庭的自由，而对可仲裁事项施加

① 张艾清：《国际商事仲裁中公共政策事项的可仲裁性问题研究》，载《法学评论》2007年第6期。

② M.A. Smith, M. Cousté, T. Hield, R. Jarvis, M. Kochupillai, B. Leon, J.C. Rasser, M. Sakamoto, A. Shaughnessy, J. Branch, ARBITRATION OF PATENT INFRINGEMENT AND VALIDITY ISSUES WORLDWIDE, Harvard Journal of Law and Technology, Spring, 2006.

③ 张艾清：《国际商事仲裁中公共政策事项的可仲裁性问题研究》，载《法学评论》2007年第6期。

更为严格的限制将会给当事人设置不必要的障碍。[①]

专利仲裁可以分为三种情况：（1）专利有效性依然由专利局和法院处理，仲裁机构只处理侵权问题；（2）有效性由专利局处理并且最终由仲裁机构认定；（3）有效性由仲裁机构全部处理。显然后两种情况不适合我国国情。在专利仲裁中，专利有效性问题由专利局和法院处理为宜，其他问题可以由仲裁机构处理。纯粹专利有效性案件，不适宜仲裁机构审理。专利侵权和专利合同案件，可以由仲裁机构审理。因此，应当采取当事人意思自治原则，允许当事人自由选择专利仲裁作为解决问题的一种方法。随着人们对仲裁认识的转变以及自由处分性或可和解性标准的确立，那种以为只要争议涉及公共政策即不可仲裁的观点和做法逐渐遭到摒弃。在今天，普遍的观点是，凡涉及证券、反垄断、知识产权等方面的公法争议或公共政策争议事项，只要双方当事人地位平等且争议事项是当事人可以自由处分或可自行和解的，就可以提交仲裁解决。[②]

美国许多判例都显示出在美国联邦法院中存在普遍性地希望尊重当事人双方在仲裁协议中所表达的意愿，并且扩展仲裁领域到那些至今为法院保留的公共政策领域。[③]我国专利仲裁制度应当采取相对中庸的做法，将专利有效性的国家管辖与仲裁机制有机结合起来，尽可能发挥专利仲裁的积极作用。

专利仲裁也是国外企业的需要，许多国外企业对一个国家的司法机关是否能够较好地保护专利，心有疑虑，转而愿意选择专利仲裁解决纠纷。西欧国家对美国法院的完全中立持怀疑态度，它们不熟悉美国诉讼程序，因此希望通过仲裁解决纠纷。

正如有学者所指出的，美国最高法院在一系列案件中，改变了其对国际仲裁的敌对和猜疑态度，放弃了其公法事项不可仲裁的观点，认为狭隘的国家利益应当服从于日益增长的国际贸易的广泛利益，任何具有国际商事性质的仲裁协议或裁决都可以得到执行，而不管其是否与传统的可仲裁性标准或

---

① 张艾清:《国际商事仲裁中公共政策事项的可仲裁性问题研究》，载《法学评论》2007年第6期。

② 张艾清:《国际商事仲裁中公共政策事项的可仲裁性问题研究》，载《法学评论》2007年第6期。

③ William Grantham，THE ARBITRABILITY OF INTERNATIONAL INTELLECTUAL PROPERTY DISPUTES，Berkeley Journal of International Law 1996.

公共政策标准相一致。[①]在国际贸易纠纷的解决中，专利仲裁是越来越常见的一种方法。在这种情况下，我国尽快建立起专利仲裁机制，扩大已有仲裁机构的业务范围，有利于我国企业在对外贸易中的利益保护。

通过仲裁，也可以减少法院积案问题。专利仲裁进入专利案件，尤其是专利侵权案件审理，可以解决反复诉讼问题，减少专利民事诉讼案件的多次多头审理、久拖不决问题。快速解决专利民事争议，可以更好地保护专利权人的权益，使专利权人的生产尽快恢复，尽快重新获得市场优势地位和市场力量。专利有效性可以由专利局和法院处理，这是没有办法改变的，但专利民事案件的审理，可以由专利仲裁机构处理。通过专利仲裁机制尽快解决专利民事案件，可以使专利制度重新获得专利权人的利用，使专利制度保护专利权人的作用得到发挥。

综上所述，美国专利仲裁制度具有比较鲜明的特点，正是看到仲裁制度的优点，在美国放宽了仲裁适用的范围，使之能够适用对于专利有效性、侵权争议的案件。这些专利仲裁制度的特点，对于我国知识产权仲裁制度的发展和完善，具有重要的借鉴意义。

---

① 张艾清:《国际商事仲裁中公共政策事项的可仲裁性问题研究》，载《法学评论》2007年第6期。

论照付不议合同及其法律问题

崔 强*

● 摘 要

照付不议合同以其付款义务的绝对性、长期性、稳定性在天然气、石油等能源领域产品的交易中被广泛采用，起到了促成交易的作用。而将照付不议合同推广到其他领域产品的交易时，时常造成对一方当事人极端不公平的结果，特别是近年来的国际经济形势波动与技术革新加剧了前述情况的产生。即便如此，在国际商事仲裁实践中，主流观点仍然认为，债务人在触发照付不议条款后负有的是替代性合同义务，原则上应当根据合同约定付款。而在中国内地司法实践中，主流观点则认为照付不议条款属违约责任的约定，应以守约方的损失为基础进行调整。两种处理方式各有道理与局限，本文旨在通过对照付不议合同的产生背景、法律原理进行研究、分析，梳理出照付不议合同的可适用场景。

● 关键词

照付不议　违约责任　违约金调整　情势变更

Abstract: Take-or-Pay contracts are widely used in transactions of energy products such as natural gas and oil for their absolute, long-term,

* 崔强，北京市通商律师事务所律师 / 合伙人。

and stable payment obligations, and have been instrumental in facilitating transactions. The extension of Take-or-Pay contracts to transactions in other fields often results in extreme unfairness to one of the parties. In recent years, the fluctuation of international economic situation and technological innovation have intensified the abovementioned situation especially. Even so, in the practice of international commercial arbitration, the prevailing view still holds that the debtor has an alternative contractual obligation after triggering the Take-or-Pay clause. However, in the judicial practice of mainland China, the prevailing view is that the Take-or-Pay clause is an agreement of liability for breach of contract, which should be adjusted based on the non-breaching party's damages. The two methods have their own reasons and limitations. This paper aims to study and analyze the background and legal principles of Take-or-Pay contract and sort out the applicable scenarios of Take-or-Pay contract.

Key Words: Take-or-Pay, liability for breach of contract, adjustment of liquidated damages, change of circumstances

照付不议合同（Take-or-Pay Contract）是一项舶来品，有时也被翻译为“提货或付款合同”“或取或付合同”“无货亦付款合同”“照运不误合同”等。为方便论述，本文将之统一称为照付不议合同。本文在介绍照付不议合同的特点和发展历史、分析相关法律问题的同时，为从事交易的当事方提供了风险防范的建议，包括纳入价格熔断机制、合理控制合同期限、设定最高额付款限额等。如此，即可在充分利用照付不议合同优越性的同时，降低其负面影响。

一、照付不议合同简介

照付不议合同起源于20世纪60年代前后，由壳牌石油公司在天然气销售市场中首先应用。天然气等能源开采和销售产业具备一定的特殊性：（1）卖方在勘探、开发阶段需要投入大量资金，一旦开采便很难暂停；（2）国际能源大宗商品的价格变化对买卖双方的经济利益影响巨大；（3）买方在生产经营过程中必须不间断地购买能源产品；等等。但在较早的阶段，天然气生产商通常会被要求向管道运营商等买家承诺进行排他性供气，而买家却不会承诺购买特定数量的天然气。天然气的需求量随着气温的变化而变化，具有明显的季节性，而天然气的生产则是持续稳定的，与季节无关。这种不对等的权利义务安排使得天然气生产商处于不利局面，面临巨大的财务风险。

壳牌石油公司等天然气生产商在历经多年艰难谈判后，终于说服管道运营商等买家接受了照付不议合同。一般而言，照付不议合同的核心含义通常包括：在约定的较长时间段内，买方无论是否从卖方处实际提取货物，都有义务按照双方约定的价格和最低提货数量支付价款；除不可抗力等特殊情况外，任何一方不得单方终止或变更合同。在笔者代理过的众多照付不议合同纠纷中，较为典型的合同条款内容为：

"本合同为照付不议合同，即在合同期限内，买方负有绝对且不可撤销的义务按照每千克 × 元单价支付每日历年度合同数量货物的价款。在合同期限内，卖方负有绝对且不可撤销的义务按照每日历年度合同数量交付货物。如果买方未能在某一日历年度内购买或接收合同数量的货物，那么卖方应根据该日历年度内生效的单价就该日历年度合同数量与买方在该日历年度实际购买数量之间的差额向买方开具形式发票，买方应当根据本合同的约定支付价款。"

与上述内容类似的条款通常即被称为照付不议条款，而含有照付不议条款约定的合同即被称为照付不议合同。经过半个世纪的发展，照付不议合同已经成为全球能源贸易中被普遍采用的一项国际惯例。[①] 进入 21 世纪以来，照付不议合同的适用范围继续扩大，已由最初的天然气贸易领域逐步扩展至石油销售、电力供应、电厂建设、新能源设备制造、矿产品开采与冶炼等产业，并显现出以下主要特点：

第一，买方的付款义务与卖方的供货义务均具有绝对性。在照付不议合同中，双方的义务都是绝对的，根据合同约定的价格与最低数量，买方照付不议，卖方照供不议。但就笔者作为律师代理案件和作为仲裁员审理案件的经验而言，更多情况下是卖方要求买方履行付款义务，而非相反。可能这也

---

① See Howard R. Williams, Charles J. Meyers, *Manual of Oil and Gas Terms* (*13th ed.*), Australia: LexisNexis, 2006.

是该类型合同被称为“照付不议合同”而非“照供不议合同”的原因。一方面，该类合同是由壳牌石油公司作为卖方所首创和推广的，其着眼点即在于保护卖方的利益。另一方面，如果卖方违约而不能足额供货，买方将很难通过仲裁或诉讼途径强制卖方履行交货义务，毕竟特定货物或特定种类的货物不像货币作为一般等价物那样便于强制执行。

第二，合同期限较长，通常达到10年至20年，甚至更长。起初，在天然气领域内，因卖方前期勘探开发投资大、风险高、融资困难等，其采用的照付不议合同的期限通常长达20年至25年。而买方基于对天然气供应安全性、稳定性等方面的考虑，往往也愿意签署长期合同。但在照付不议合同扩展适用至更多领域时，过长的合同期限也招致不少争议。市场价格的剧烈波动、革新技术的突然出现等因素，都极可能导致合同不利一方的经济状况极度恶化。除非另一方同意变更合同，不利一方往往只能选择破产。在该种情况下，守约方通常很难获得足额的赔偿。有鉴于此，照付不议合同的期限逐渐呈现短期化的趋势。10年、8年、5年甚至更短期限的照付不议合同开始出现。

第三，签约双方通常均具备良好的资信状况，或者提供了优质的信用保证。照付不议合同期限长、付款义务与供货义务具有绝对性等特点必然要求当事方具备良好的资信状况，或者可以提供银行保函、母公司担保等优质信用保证。

二、照付不议合同在中国的发展

随着在国际范围内的普遍适用，照付不议合同在中国也逐渐被市场所接受，以下为三起具有代表性的事件：

2000年9月，国家发展计划委员会，即后来的发改委，在其第1958号文件《关于印发开展西气东输工程可行性研究工作若干意见的通知》中明确表示，要在西气东输项目上采用并全面推广照付不议合同模式；西气东输项目管线长达4000公里，工程投资巨大，供应方中国石油天然气集团公司负担着供气安全性与下游市场开发等诸多风险，照付不议合同可以将买卖双方的利益通过一种长期承诺联系起来，规范双方的行为，降低项目不确定性风险，达到买卖双方共赢的目的。

2003年10月15日，郑州燃气公司与中国石油西气东输管道公司正式签署了中国国内的第一份照付不议合同，从而成就了中国第一笔以照付不议合同为约束的天然气交易。[①] 此后，照付不议合同在中国天然气市场中得到普遍应用，并逐渐扩展至光伏、风电等新能源领域。

2014 年 2 月 25 日，国家能源局发布《天然气购销合同（标准文本）》供市场参考试行，该标准文本第 7 条“照付不议（适用于 1 年期以上的合同）”是典型的照付不议条款，其中规定：“就交付期内的任一合同年而言，卖方应在交付点销售并交付且买方应提取该合同年的年合同量，并为提取的和未提取的天然气付款。双方进一步约定，对于上述买方已付款但未提取的天然气，买方有权按附件三的约定进行补提。”[②]

三、照付不议条款性质之辩——是合同义务还是违约责任

尽管照付不议合同在国内外已被广泛采用，但发生争议后，违约方却往往对照付不议条款的法律属性、效力、公平性等提出挑战。不同法院和仲裁庭对这些问题尚没有形成统一的认识。

（一）国际仲裁中的主流观点认为，触发照付不议条款后，债务人负有的是替代性履行的合同义务，原则上应当遵照执行

如上文所述，照付不议合同产生争议，更多情况下是卖方要求买方履行付款义务。在国际仲裁中，买方的付款义务通常被认定为替代性履行的合同义务，而非承担的违约责任，原则上应当遵照执行。例如，在“德拉瓦资源公司诉田纳西煤气管道公司”（Lenape Resources Corporation *v.* Tennessee Gas Pipeline Company）一案中，法院的多数意见认为，照付不议条款约定的是买方在未提货时仍然应当履行的付款义务，购买的是在特定时间段内自卖方处提取天然气的权利，而非购买实际产出的天然气。[③]

在该种观点看来，照付不议合同中的买方可以选择两种方式来履行合同义务：第一种是提取约定数量的货物并支付价款；第二种是不提取货物，但向卖方支付约定金额的价款。第二种付款是双方之间的约定，其并非针对提取的

---

① 参见虞磊珉、王刚：《燃气能源销售中“照付不议”合同若干问题研究》，载《中国能源》2004 年第 4 期，第 29–30 页。

② 《国家能源局关于印发〈天然气购销合同（标准文本）〉的通知》，国能监管〔2014〕98 号。

③ *See* Marc Ryan Stimpert, *Lenape Resources Corporation v. Tennessee Gas Pipeline Company: Natural Gas Take-or-Pay Contracts under the Uniform Commercial Code*, 18 Energy L.J. 421（1997）, pp. 426–427.

货物，而是针对买方未提取货物的结果，因此不是违约金。如《奇蒂论合同法》评述："债务偿还请求与违约赔偿请求之间存在重要区别。债务是当事人协议规定的一定金额，由一方支付，以换取另一方履行某些特定义务或发生某些特定事件或条件；赔偿则可适用于向一方就其未履行债务以外的某种违约行为请求赔付……这种区别的相关性在于损害赔偿规则不适用于债务索赔，例如债权人索赔债务不需要证明其自身履行或者事件 / 条件已发生以外的事项。"①

支撑该种类观点的政策考虑主要包括以下两个方面：

第一，合理分配天然气（或者其他货物）买卖双方之间的风险，有利于维护市场的健康发展。② 照付不议合同履行前，卖方通常需要为开采或制造设备投入大量的前期投资，在有些情况下，这些设备甚至是为履行与特定买方之间的合同而专门制造或购买的。如果没有买方在较长时间段内的照付不议承诺，卖方可能根本不会决定投入巨资采购这些设备。无论出于何种原因，一旦买方在合同到期前终止付款，卖方均将遭受巨额经济损失。因此，在照付不议合同中，买方的付款义务往往是无条件的和不可撤销的，具有绝对性。市场价格变化等因素带来的风险则应当由买卖双方共同承担。在形式上，买卖双方之间签订的仅仅是一份长期购销合同。但究其实质，买卖双方已经在相当程度上结成了利益同盟，照付不议合同更像是双方的一项共同风险投资。

第二，确保照付不议交易的稳定性与安全性，帮助大型项目进行贷款融资，加快经济整体发展。在实践中，卖方很少利用自有资金来履行照付不议合同，通常都会将合同项下的收款权利作为担保进行融资贷款。银行、基金等金融机构之所以愿意为卖方提供贷款或进行股权等权益性投资，正是基于

---

① Hugh Beale, *Chitty on Contracts*（*31st ed.*）, London：Sweet & Maxwell, 2012, Vol. 1, para 26-008. 原文为："There is an important distinction between a claim for payment of a debt and a claim for damages for breach of contract. A debt is a definite sum of money fixed by the agreement of the parties as payable by one party in return for the performance of some specified obligation by the other party or upon the occurrence of some specified event or condition; damages may be claimed from a party who has broken his contractual obligation in some way other than failure to pay such debt... The relevance of this distinction is that the rules on damages do not apply to a claim for a debt eg the claimant who claims payment of a debt need not prove anything more than his performance or the occurrence of the event or condition."

② *See* Marc Ryan Stimpert, *Lenape Resources Corporation v. Tennessee Gas Pipeline Company*：*Natural Gas Take-or-Pay Contracts* under *the Uniform Commercial Code*, 18 Energy L.J. 421（1997）, p. 429.

对照付不议合同有效性的信任。

（二）照付不议合同性质在中国存在较大争议

理论上，在中国现行法律体制下，照付不议合同的性质（即到底是第一性的合同义务条款，还是第二性的违约条款）面临较大争议，具体如下：

1. 一种观点认为，照付不议为合同义务约定

在理解照付不议合同的起源、特点，尤其是国际仲裁和以英美为代表的西方国家维护该类型合同有效性的司法政策考量后，在中国的法律体制下，根据当事人意思自治的原则，照付不议合同应当被认定为合法有效的合同义务条款。

应当承认，在具体的交易中，照付不议合同是意思自治的产物。意思自治在平等民事主体的合同法律关系中，主要包含两层含义：第一，民事主体取得权利、承担义务应依赖于其自身的意志；第二，民事主体意思的发生、行使应由其自身自由决定。也就是说，只要不违反法律的强行性规定，不违反公共利益与公序良俗，不侵犯第三人的合法权益，民事主体之间订立的合同在原则上就是有效的。

意思自治原则既是民事主体平等法律地位的具体体现，也是法律对市场经济规律的自然反映。作为现代民事法律的最基本原则之一，意思自治在中国多部重要民事法律中均有体现。如，《民法典》第 5 条规定："民事主体从事民事活动，应当遵循自愿原则，按照自己的意思设立、变更、终止民事法律关系。"此前的《民法通则》第 4 条、《合同法》第 4 条也均有相同或类似的规定。既然照付不议合同是在买卖双方平等自愿协商基础上建立起来的，签署方通常对合同条款有着充分的理解，且谈判地位大致对等，根据意思自治原则，照付不议合同应属合法有效。

2. 另一种观点认为，照付不议为违约金约定

与此同时，持照付不议条款属于违约金约定观点者也不在少数。当买方未能依照合同约定购买足够数量的货物时，照付不议条款提供了明确的违约金计算方式。而违约金应当以补偿为主、以惩罚为辅，不得过分高于守约方的实际损失，守约方不能因违约而获得额外利益，这是《合同法》以及《民法典》合同编确立的基本原则之一。根据《民法典》的下列规定，法院或仲裁庭有权对违约金的金额进行适当的调整。

《民法典》第 585 条："当事人可以约定一方违约时应当根据违约情况向对

方支付一定数额的违约金，也可以约定因违约产生的损失赔偿额的计算方法。约定的违约金低于造成的损失的，人民法院或者仲裁机构可以根据当事人的请求予以增加；约定的违约金过分高于造成的损失的，人民法院或者仲裁机构可以根据当事人的请求予以适当减少。"

此外，最高院在下列司法解释中，对于裁判者酌情调整违约金时所应依据的判断标准和衡量尺度进行了细化规定；虽然在《民法典》生效后，下列司法解释的规定已被废止，但仍体现着人民法院对违约金的普遍理解与处理模式。

《最高人民法院关于适用〈中华人民共和国合同法〉若干问题的解释（二）》（以下简称《合同法司法解释（二）》）第29条规定："当事人主张约定的违约金过高请求予以适当减少的，人民法院应当以实际损失为基础，兼顾合同的履行情况、当事人的过错程度以及预期利益等综合因素，根据公平原则和诚实信用原则予以衡量，并作出裁决。当事人约定的违约金超过造成损失的百分之三十的，一般可以认定为合同法第一百一十四条第二款规定的'过分高于造成的损失'。"①

《最高人民法院关于当前形势下审理民商事合同纠纷案件若干问题的指导意见》第5条规定："对于双方当事人在合同中所约定的过分高于违约造成损失的违约金或者极具惩罚性的违约金条款，人民法院应根据合同法第一百一十四条第二款和最高人民法院《关于适用中华人民共和国合同法若干问题的解释（二）》第二十九条等关于调整过高违约金的规定内容和精神，合理调整违约金数额，公平解决违约责任问题。"② 第6条规定："在当前企业经营状况普遍较为困难的情况下，对于违约金数额过分高于违约造成损失的，应当根据合同法规定的诚实信用原则、公平原则，坚持以补偿性为主、以惩罚性为辅的违约金性质，合理调整裁量幅度，切实防止以意思自治为由而完全放任当事人约定过高的违约金。"③ 第10条规定："人民法院在计算和认定可得利益损失时，应当综合运用可预见规则、减损规则、损益相抵规则以及过失

① 《最高人民法院关于适用〈中华人民共和国合同法〉若干问题的解释（二）》，法释〔2009〕5号。

② 《最高人民法院关于当前形势下审理民商事合同纠纷案件若干问题的指导意见》，法发〔2009〕40号。

③ 《最高人民法院关于当前形势下审理民商事合同纠纷案件若干问题的指导意见》，法发〔2009〕40号。

相抵规则等，从非违约方主张的可得利益赔偿总额中扣除违约方不可预见的损失、非违约方不当扩大的损失、非违约方因违约获得的利益、非违约方亦有过失所造成的损失以及必要的交易成本。”[①]

如果将照付不议条款视为违约金约定处理，法院或仲裁庭势必需要核查守约方的实际损失等因素，与照付不议条款项下违约方的应付款金额进行比较，而非直接适用照付不议条款的约定。由此产生的举证责任、损失计算范围等，又将成为双方新的争议焦点。例如，是否应当由守约方举证证明自身的实际损失，包括预期利益损失？是否应当由违约方举证证明守约方未能采取合理减损措施从而导致了损失扩大？卖方作为守约方时，其前期投资、贷款利息、人员工资等是否能够纳入实际损失的范畴？如果对违约金进行酌减，如何确定酌减的幅度？等等。因每个案件都可能带有一定的特殊因素，也就会导致出现各种不同的结果。

笔者认为，应当结合具体语境讨论照付不议条款的性质：[②]在天然气、石油等前期成本巨大的行业，原则上应当认定照付不议条款为合同义务条款，为合同履行的方式之一；在除此之外的其他行业中，若未涉及前期的巨额投入，则从公平角度出发，原则上应当认定照付不议条款属于违约责任约定。

四、照付不议合同的司法实践

关于照付不议合同，无论是在西方国家还是在中国，均存在大量不同裁判结果的案件，有的支持将照付不议作为第一性的合同义务，认定买方应当根据合同约定支付价款；有的因各种例外而认定无须实际履行照付不议合同。虽然没有准确的统计数字和比例，但根据笔者的从业经验判断，在国际仲裁和英美等西方国家的国内争议中，最终要求应实际履行照付不议合同的案件占绝大多数；而在中国，要求实际履行的比例则低得多。

不同案件中判决实际履行照付不议合同的理由和论述均大致相似，前文已述及。本文以下部分将着重列举否定实际履行照付不议合同的理由和案例。

---

① 《最高人民法院关于当前形势下审理民商事合同纠纷案件若干问题的指导意见》，法发〔2009〕40号。

② 参见苏力：《语境论——一种法律制度研究的进路和方法》，载《中外法学》2000年第1期。

（一）否定实际履行照付不议合同的理由

1. 照付不议条款被认定为违约金约定

在中国，照付不议条款被认定为违约金约定是较为常见的情况，主要法律依据是《民法典》第585条的规定。

在西方国家，同样不乏持类似观点的法官和案例。例如，英国法原则上不承认惩罚性条款的效力："禁止惩罚性条款是英国法规则，该规则禁止强制执行对违约方进行惩罚的条款。反对惩罚性条款的规则反映了这样的原则：在英国法律中，当事人通常可以自由地违反其在支付赔偿金方面的合同义务，其价值由法院根据既定原则确定。"①

有鉴于此，英国高等法院不止一次在判决中认定，照付不议条款在原则上属于不可被强制执行的惩罚性条款。②因多数跨国能源合同均约定适用英国法，英国高等法院的决定在国际上一直具有典型的代表性和极强的影响力。

2. 因情势变更导致履行照付不议合同被认定为显失公平

《民法典》第533条规定："合同成立后，合同的基础条件发生了当事人在订立合同时无法预见的、不属于商业风险的重大变化，继续履行合同对于当事人一方明显不公平的，受不利影响的当事人可以与对方重新协商；在合理期限内协商不成的，当事人可以请求人民法院或者仲裁机构变更或者解除合同。人民法院或者仲裁机构应当结合案件的实际情况，根据公平原则变更或者解除合同。"

根据上述规定，违约方经常会以市场价格变化过于剧烈为由进行抗辩，例如，由于惩罚性贸易关税的加征是在订立合同时无法预见的，且不属于商业风险，继续履行合同对于违约方明显不公平或已经不能实现合同目的。判决的最终结果有可能是违约方免予继续履行照付不议条款的责任。

---

① Ben Holland，Phillip Spencer Ashley，*Enforceability of Take-or-Pay Provisions in English Law Contracts – Revisited*，31 JERL 205（May 2013），p.1. 原文为："The rule against penalties is an English law rule that prevents the enforcement of a clause that operates as a penalty against the party in default. The rule against penalties reflects the principle that，in English law，a party is normally free to breach its contractual obligations on payment of damages，the value of which is to be determined by the court applying established principles."

② Ben Holland，Phillip Spencer Ashley，*Enforceability of Take-or-Pay Provisions in English Law Contracts – Revisited*，31 JERL 205（May 2013），p.1.

3. 合同履行过程中出现不可抗力

不可抗力通常是指合同一方在订立合同时基于合理的判断所不可预见、不可避免、不可克服的事件。如果因不可抗力导致合同一方不能履行合同义务，或者造成履行迟延，则该方可以免责，无须对其延误或未履行的义务承担民事责任。

在照付不议合同中，不可抗力条款无疑是一个需要双方在充分谈判后进行详细约定的重要条款。而其中最为核心的内容当数对不可抗力事件范围的界定，其背后体现的则是买卖双方的市场谈判地位。

在司法实务中，如果当事人未对照付不议合同的不可抗力条款进行特别约定，下列因素通常不会被认定为不可抗力的范畴：第一，正常损耗或未获适当维护而导致的设备故障或设备损毁；第二，缺乏资金支付应付款项；第三，由于市场变化导致失去利润或亏损等。

4. 卖方不具备供货能力或卖方的照供不议义务已经解除

虽然统称为照付不议合同，但与买方照付不议义务相对应的是卖方的照供不议义务。也就是说，卖方必须具备持续供货的能力，并严格遵照合同约定的数量不间断地供货给买方。发生争议后，如果买方举证证明卖方实际上不具备供货能力，或者因双方签署补充协议等因素导致卖方的照供不议义务已经解除，裁判结果则将很可能是买方不再需要履行照付不议条款项下的付款义务。

（二）实务案例：光伏巨头英利成功应对照付不议合同索赔

2015 年 11 月 19 日，光伏巨头英利绿色能源集团旗下两家子公司在河北省高级人民法院被诉，原告是其德国供应商赛锡科技有限公司（SIC Processing GmbH，以下简称赛锡）及其子公司赛锡科技（保定）有限公司，笔者作为英利的代理人，全程参与了该案件在河北高院和双方上诉后在最高人民法院的审理工作。

2009 年 7 月至 2010 年 9 月期间，英利先后与赛锡签署了三份含有照付不议条款的《合作供货协议》。根据约定，赛锡将在保定市投资建设六条硅料切割废砂浆回收处理线，并专门为英利提供废砂浆回收处理服务。该六条生产线设计年产能 90000 吨，英利保证以双方同意的价格，提供不少于设计产能 80% 的废砂浆（后通过补充协议修改为不少于设计产能 90% 的废砂浆）并购买由赛锡回收处理后的全部碳化硅、聚乙二醇和预混后的新鲜砂浆。合同期限至2025年。

自2011年起，国际光伏市场发展状况急转直下，欧盟、美国先后对中国光伏产品采取反倾销、反补贴措施，加征10%至50%的特别关税。[①] 多晶硅太阳能电池组件的市场销售价格一度跌破生产成本，硅料价格由每千克50美元断崖式下跌至10美元以下。英利连续多年巨额亏损，未能全面履行提供最低产能、购买全部回收碳化硅、回收聚乙二醇和预混新鲜砂浆的承诺。2013年3月，赛锡德国本部更是进入破产程序。

2015年11月，赛锡提起照付不议之诉，起诉金额表面上看起来为3.26亿元人民币，但实际上赛锡在起诉状中表示，受支付诉讼费能力的限制，"德国赛锡公司暂起诉英利方支付2012年度供给不足赔偿金的全部及2013年度的供应不足所产生的赔偿金的一部分"，对于2013年度供应不足赔偿金剩余部分及后续合同期限内的赔偿金，赛锡保留后续提出诉求的权利。一审开庭时，赛锡的代理人进一步表示，计划在本案胜诉后将英利的赔偿金用于支付下一阶段的诉讼费用和律师费用，要求英利赔偿剩余合同期限内的全部金额。如此计算，赛锡的索赔金额将超过50亿元人民币。此案如果败诉，英利将面临直接破产，再无起死回生之余地。

为有效应对此次危机，在笔者的建议下，英利一方面积极应诉，另一方面决定另案起诉，要求立即解除三份《合作供货协议》，以避免赛锡提起第二阶段诉讼而面临过大的敞口风险。如本文所述，照付不议条款原则上应属有效。但得益于英利与赛锡之间《合作供货协议》中关于破产、减损义务等条款的详细约定，以及合同履行过程中产生的一系列特殊情况，河北省高级人民法院和最高人民法院采信了笔者关于案件存在例外情况的主张，判决确认三份《合作供货协议》已经解除，英利无需继续履行照付不议条款的约定，仅需向赛锡支付5900万元人民币作为赔偿金。至此，英利因该案而产生的危机被有效消除。在该案中，笔者代理英利主张无需继续履行照付不议条款约定的主要理由包括：

第一，双方曾于2011年9月签署一份《会议纪要》，约定赛锡不再排他地向英利提供服务，赛锡有权自由支配产能并向第三方提供服务。事实上，赛

---

① 参见相关报道，如：《2011年光伏"双反"事件回顾》，载北极星太阳能光伏网，http://guangfu.bjx.com.cn/news/20120105/334985.shtml，最后访问时间：2021年3月21日。

锡也承认其曾向包括光为绿色能源科技有限公司在内的多家第三方提供废砂浆回收处理服务，销售回收碳化硅和回收聚乙二醇等。《合作供货协议》约定："当且仅当英利已经将其全部砂浆供应给赛锡保定，同时因市场需求萎缩严重导致英利年硅片产量低于400MW的情况下，英利可被豁免此最小供应量的义务。当英利被豁免时，赛锡保定有权为其他客户进行生产。"因此，在赛锡已经自由支配产能的情况下，继续适用照付不议条款、要求英利单方履行提供最低产能的义务将有违公平原则。

第二，2013年3月1日，赛锡德国本部进入破产程序。2013年5月28日，赛锡科技（保定）有限公司通知英利停止生产与供货。至此，赛锡已经丧失履约能力，无权就此后的照付不议金额向英利提出索赔。同时，根据三份《合作供货协议》的约定，当一方进入破产程序时，另一方有权单方解除合同。

第三，赛锡未能提供有效证据证明其存在任何实际损失。赛锡在合同项下提供的是废砂浆回收处理服务，其前期投入相对有限，后期运营成本主要是厂房租金和水电费，金额亦相对有限。英利在合同项下的已付款金额完全可以覆盖赛锡为履行合同而支出的成本和费用。赛锡不但没有任何损失，相反，其在涉案合同项下已经赚取了丰厚的商业利润。因此，根据《合同法》第114条和《合同法司法解释（二）》第29条的规定，英利有权请求法院对赔偿金额进行调整。

第四，赛锡有义务且有能力采取措施防止损失扩大。当英利未能满足最低砂浆量的要求时，赛锡有义务采取适当措施防止损失的扩大，包括向第三方销售货物、提供服务及努力谋求向第三方销售货物、提供服务等。2011年9月签署的《会议纪要》废除了排他性约定，赛锡获得了剩余产能的自由支配权。此后，赛锡先后向多家第三方提供废砂浆回收处理服务，销售回收聚乙二醇等。因此，赛锡有义务采取适当措施防止损失，且完全有能力如此行事。《合同法》第119条规定："当事人一方违约后，对方应当采取适当措施防止损失的扩大；没有采取适当措施致使损失扩大的，不得就扩大的损失要求赔偿。"根据上述规定，赛锡无权就因其不作为而产生的扩大损失向英利索赔。

五、结语及实操建议

照付不议合同以其安全性、稳定性和长期性，在20世纪后半叶发挥了积极作用，加速了全球范围内天然气、石油等经济行业的发展。进入21世纪后，随着光伏、风电、矿产开发与销售等更多领域对照付不议合同的使用，市场价格剧烈波动、革新技术出现等意外因素发生的频率越来越高，照付不议合同的合理性再次成为业界关注的焦点。概言之，照付不议合同的合理性必须结合其所服务的具体交易而定。就实务而言，在企业签署照付不议合同时，笔者建议将如下几个问题纳入考量范围：

第一，加入价格调整与熔断机制，将适应市场变化的价格条款与绝对的付款责任相结合。例如当原材料价格变化超出一定范围后，合同价格应根据约定的公式或系数进行相应的调整，或者暂时中止履行合同、不利一方有权要求变更合同约定，等等。

第二，合同期限不宜过长，或者可以设置阶段性的解约权。例如合同期限虽然为20年，但在第8年、第15年时，任何一方有权单方解约，等等。传统天然气领域内的照付不议合同期限一般为20年至25年。但从近期的发展趋势来看，少于10年的照付不议合同也已经屡见不鲜。

第三，设置最高赔偿（照付不议）限额。在多数照付不议合同争议案件当中，根据赔偿（或付款）金额公式计算得出的数字都非常巨大，甚至骇人听闻。一旦判决要求根据照付不议条款完全履行合同，败诉方基本就要破产。这样的合同安排，事实上不再有利于社会整体经济的快速发展。建议企业在签署照付不议合同时，既利用好其稳定性带来的商业利益，也设置一个合理的最高赔偿（照付不议）限额，给双方留下应对特殊情况的回旋空间。

国际仲裁程序中律师与客户间通信证据的特权保护及我国的证据保护制度

苏　伟*

● 摘　要

尽管不同司法管辖区的实践各异，律师—当事人特权已经成为当今社会公认的一项法律制度，在保护特权证据在司法程序中不被披露起到关键性的作用。国际仲裁庭一般接受善意提出的法律特权主张，但实践中却没有严格适用的规则来指导仲裁庭对特权请求进行评估和裁决，这导致了实践中存在实质性的不可预测性和冲突。按照规则，仲裁庭可以适用任何其认为适合的法律和律师道德操守来评估主张的有效性。仲裁庭不仅要适用当事人合理预期内适用的法律，而且还要审查法律特权请求在仲裁规则、证据规则甚至国际法原则下的合法性。在裁决过程中也必须兼顾程序的公平和公正。我国目前的证据保护制度与世界水平还存在一定距离。尽管我国法律也保护律师与当事人关系中获悉的国家秘密、商业秘密和个人隐私，但还没有形成一种能够达到法律特权保护水平的制度在司法和仲裁程序中对抗取证权。我国证据保护的现状使中国当事人和律师在国际仲裁中处于不利地位。本文希望在介绍国际仲裁中法律特权规则和实践的同时，简要地介绍我国证据保护制度的现状和可能为

* 苏伟，北京坤韬律师事务所创始合伙人，国际和中国仲裁员。

我国企业和律师参加国际仲裁程序带来的影响，希望以此引起有关部门的注意，尽快完善我国的涉外证据保护制度，更好地为“一带一路”国际商事争端解决机制的建立与完善提供充分法律依据和保障，更好地服务国家全面开放和发展战略。

● **关键词**

国际仲裁　法律特权保护　中国证据保护制度

Abstract: With practice varied across jurisdictions, attorney-client privilege is well-accepted to protect privileged evidence from being disclosed in judicial proceedings. International tribunals have shown that they generally defer to the claims of privilege asserted in good faith. However, there are no strict rules to guide the tribunals in practice, which leads to substantial unpredictability and conflict. In practice, international tribunals apply different rules considered applicable to the validity and effectiveness of the privilege claims. Claims of privilege must be examined under not only the laws the parties reasonably expect to govern the matter, but also the arbitration and evidentiary rules applicable or even the general principle of international law. Procedural fairness and equity of parties must also be weighed in the process of decision. China does not have the legal privilege protection regime keeping up with the world. Despite that China claims to protect the secrecy of business communicated in the relationship of attorney and client, there is yet a solid means to secure the protection of privileged evidence in judicial or arbitral proceedings that matches the rules of legal privilege. China's current level of legal privilege protection can position its enterprises and attorneys unequally to their foreign counterparts in international arbitration. Whilst addressing the controversies and ambiguities existing in the rules and practice of legal privilege in the context of international arbitration, this article briefly examines China's current evidence protection regime with aim to call upon the attention to its implications to China's legitimate interests in international arbitration.

Key Words: international arbitration, attorney–client privilege, China evidence protection

一、引言

法律特权制度起源于罗马法下的一个古老原则:“律师不得被强迫出具对其客户不利的证据。”[①] 目前世界绝大多数的司法区均承认律师与其客户之间为寻求或提供法律意见或开展诉讼为目的的保密通信构成法律特权证据(以下简称法律特权),该类证据可以免予作为证据出示,并且不会因此带来不利的后果。[②] 虽然如此,各个司法区域之间法律特权范围和适用仍存在较大差异。[③] 保护法律特权也已经成为一项国际法原则,并被引入多个国际取证条约。例如,我国 1997 年加入的《关于从国外调取民事或商事证据的公约》第 11 条规定:根据请求国或执行国法律,“在请求书的执行过程中,……有拒绝作证的特权或义务的有关人员,可以拒绝提供证据”。[④]

在国际仲裁程序中,仲裁庭通常会通过“证据开示”程序责令双方出示书证或证人出庭作证,同时允许被责令一方通过主张证据特权来对抗证据开示令。如果请求有效,即可排除有关证据并且不带来任何不利后果。由于国际仲裁程序中待证事实往往涉及多个司法管辖区,法律特权的适用通常比单一国内法下更加复杂。第一,法律特权在不同法律体系下存在较大的差别,因此不同法律背景下的法律特权的适用通常会存在较大争议。例如,在法律特权是否已失去保护的问题上,普通法系和大陆法系国家间就存在较大差异,普通法系国家通常认为放弃权归属于客户而非律师,而大陆法系国家的观点

① M. Radin, ‘The Privilege of Confidential Communications between Lawyer and Client’, *Cal. L Rev.* Vol. 16, (1928), pp.487–488.

② G. Born, *International Arbitration: Law and Practice*, Second Edition, Kluwer Law International, (2015), p.194.

③ K. Berger, ‘Evidentiary Privileges: Best Practice Standards versus/and Arbitral Discretion’, *Arbitration International*, Vol. 22, No. 4, (2006), p.503.

④ 《关于从国外调取民事或商事证据的公约》第 11 条,载中国人大网,http: //www.npc.gov.cn/wxzl/wxzl/2000–12/07/content_3778.htm,最后访问时间:2021 年 3 月 11 日。

则通常与此相反。[①] 第二，几乎所有仲裁规则和证据规则都对如何查明法律特权的适用法保持沉默。一般情况下，法律特权依存于某一特定法律或律师执业操守而存在，鉴于不同法律下法律特权制度存在较大差异，查明适用法对于存在争议的法律特权显得尤为重要。[②] 第三，对于法律特权主张的属性一直以来都存在争议，对此不同的理解可能直接导致适用法律的不同，从而产生不同的结果。此外，几乎所有仲裁规则都赋予仲裁庭对包括查明和适用证据特权适用法在内的证据事项广泛的自由裁量权，并且仲裁庭无需遵守任何实质性证据规则。[③] 这样就会产生一个问题：仲裁庭依据什么法律或原则来裁判法律特权主张呢？缺乏仲裁规则的有效约束的仲裁程序是否会导致结果的不确定性甚至是任意性？[④] 毋庸置疑，《国际律师协会国际仲裁取证规则》（以下简称《IBA 取证规则》）在法律特权的适用方面作出了解释，其广泛的影响力也极大地为仲裁程序增加了可预见性，但是在法律特权适用问题上仍保留了较大灵活性。[⑤]

本文将介绍法律特权在国际仲裁程序中的应用及存在的主要问题，特别是

① G. Tawil and I. Lima, 'Chapter 2. Privilege Related Issues in International Arbitration', in Teresa Giovannini and Alexis Mourre (eds), *Written Evidence and Discovery in International Arbitration: New Issues and Tendencies*, *Dossiers of the ICC Institute of World Business Law*, Volume 6, International Chamber of Commerce (2009), p. 33.

② G. Born, *International Arbitration: Law and Practice*, Second Edition, Kluwer Law International, (2015), p. 194.

③ D.V. Sandifer, *Evidence Before International Tribunals* (Revised Edition), University Press of Virginia (1975), pp.16-17. 例如，《联合国国际贸易法委员会仲裁规则》（UNCITRAL Arbitration Rules）第 27.4 条仅规定："仲裁庭应就所出示证据的可采性、关联性、实质性和重要性作出决定。"《斯德哥尔摩商会仲裁院仲裁规则》（SCC Arbitration Rules）第 31.1 条也作出了类似规定："仲裁庭有权决定证据的可采性、关联性、实质性和证明力。"

④ J. Rubinstein 和 B. Guerrina 举例说明了国际仲裁中来自多个司法管辖区的证据特权主张的复杂性和目前对此仅有原则性规定的仲裁规则下可能造成的不确定性的问题，见 J. Rubinstein and B. Guerrina, 'The Attorney-Client Privilege and International Arbitration', *Journal of International Arbitration*, (2001), Volume 18, Issue 6, pp.587-590。

⑤ 国际律师协会最早在 1983 年即发布了取证规则。1999 年和 2010 年对《国际律师协会国际仲裁取证规则》进行了重要修订。《国际律师协会国际仲裁取证规则》（IBA Rules on the Taking of Evidence in International Arbitration）经 IBA Council 2020 年 12 月 17 日的决议批准，该规则进行了再次修订。2020 版全文见 https://www.ibanet.org/Document/Default.aspx?，最后访问时间：2021 年 3 月 18 日。

在《IBA 取证规则》下的适用和存在的问题。同时本文也将简要地梳理国内的证据保护制度的现状，并分析其对我国企业和律师在参加国际仲裁中可能带来的影响。本文第一部分将介绍法律特权在不同法律体系下的性质和范围，第二部分将对仲裁规则和《IBA 取证规则》下的法律特权进行简要介绍和分析，第三部分和第四部分将介绍法律特权在仲裁程序中的法律属性以及适用的主要原则，第五部分将简要介绍我国的证据保护制度的现状。

二、不同法系下证据特权的性质和范围

法律证据特权又称“法律特权”（legal privilege 或 attorney-client privilege）。将其称为“特权”是由于当一方当事人请求法庭或仲裁庭命令另一方当事人出示某证据时，被要求出示证据一方有权援引该特权合法地排除出示受保护证据，并有权阻止他方出示此类证据的一项特别权利。[①] 创设法律特权的目的是保护公共利益，当证据通过发挥其证明力所带来的利益不及保护该证据不被披露所带来的公共利益，或不能抵消出示该证据对公共利益所带来的损害时，公共利益就应当受到特别的保护。[②] 由此不难理解法律特权的本意在于保障社会主体可以在一个开放而不受拘束的环境下获取法律帮助的权利。[③] 正如美国最高法院大法官 Rehnquist 在 Upjohn Co *v.* United States 案中指出的“法律特权制度承认和保障健全的法律咨询或辩护应当服务于公共目的，而这种咨询意见或辩护的效率取决于律师是否能够充分地了解委托人的案情。”[④] 实践中法律特权总是依赖于具体的法律制度而存在，不同的法律规定会带来不同的保护水平。法律特权也存在共性：首先，特权保护的通信必须是保密的，任何失去保密性的通信是

---

① K. Berger，‘Evidentiary Privileges：Best Practice Standards versus/and Arbitral Discretion’，*Arbitration International*，Vol. 22，No. 4，（2006），p.503.

② R. Mosk and T. Ginsburg，‘Evidentiary Privileges in International Arbitration’，*International and Comparative Law Quarterly*，Vol. 50，Issue 2（2001），p.345.

③ 例如，欧盟法院在 Niche Generics Ltd. *v.* European Commission 案中指出，“保护律师和当事人之间书面通信保密性的原则是有效行使辩护权的基本必然结果……（律师—当事人特权）符合确保每个人都能够不受约束地咨询律师，律师职业的要求包括向所有需要法律的人提供独立的法律咨询……因此，这一原则与律师作为配合法院在司法程序中维护正义的作用概念存在密切联系”。Niche Generics Ltd. *v.* European Commission，Judgement，（12 December 2018）. para. 59.

④ Upjohn Co. *v.* United States，449 U.S. 383，389（1981）.

不具有法律特权的。[①] 其次，无论制度如何，其根本目的都应当是保护公共利益，任何运用都应当限于这一目的，而不应当支持滥用。对特权制度的不同范围和特点的了解在国际仲裁程序中非常重要，国际仲裁庭一般是由不同背景的仲裁员组成，裁决会深受仲裁员各自法律背景的影响。此外，提出特权请求的律师和法律顾问也可能来自不同法律背景，对特权的请求和答辩无疑会带有各自法律背景的特色。法律特权虽是一个普遍的概念，但其只有在严格的适用法下讨论才有意义。由于篇幅所限，本文无法就众多具体国家法律规定下的法律特权制度进行比较，仅就法律特权在不同法系下存在多维度差异进行泛泛讨论，希望读者能借此初步地了解法律特权在不同法系下存在差异的程度。

（一）普通法下的法律特权

法律特权在 16 世纪即得到了英国法院承认，目前已经被所有普通法国家接受。[②] 在英国普通法下受到保护的法律特权大致可以分为两类：（1）法律意见特权：法律顾问与委托人之间为获得或提供法律意见而进行的通信；（2）诉讼特权：法律顾问与其委托人或第三方之间的通信，通信是当考虑启动或已经启动诉讼程序时为获取或提供法律建议，或收集与诉讼有关的证据的目的而进行的。[③]

以英国法为例，普通法下的法律特权具有以下几个特点：第一，普通法下的法律特权是以律师对客户信息的信托义务为基础而产生的。因此法律特权归属于客户，客户有权放弃此项权利，当客户放弃此项权利时，律师对客户承担的义务即得以免除，有关通信也随即失去特权属性。第二，法律特权仅保护律师与客户之间涉及法律意见的通信内容，而非律师与客户之间的全部通信。通信既可以是以准备或开展诉讼程序为目的，也可以是以非诉讼为

---

① Baker v Campbell（1983）153 *CLR* 52. Wheeler v Le Marchant（1881）17 Ch D p. 675. Three Rivers District Council and Others v. Governor and Company of the Bank of England,［2005］1 AC 610 p. 625.

② W. Holdsworth, *A History of English Law*,（1924）, Boston Little, Brown, and Company, p.333.

③ F. Schlabrendorff and A. Sheppard, 'Conflict of Legal Privileges in International Arbitration: An Attempt to Find a Holistic Solution', in *Global Reflections in International Law*, Commerce and Dispute Resolution: Liber Amicorum in Honour of Robert Briner, p. 746（Gerald Aksen and others eds., ICC Publishing SA 2005）.

目的而出具的法律意见。[①] 第三，构成法律特权的通信原则上应当是在独立的执业律师与其客户之间进行的，律师应当是受到行业组织执业操守规则约束的会员。[②] 原则上，普通法体系以外的符合条件的律师与客户的通信也受到英国法下的特权保护。[③] 不过英国的成文法中存在一些有限的扩大。例如，根据《1998 年版权、外观设计和专利法》第 280 条和第 284 条，商标代理人和专利人在该法规定的范围内可以有限地主张法律特权。[④] 第四，普通法系下法律特权也保护公司内部律师和其雇主之间符合要求的通信内容，但应当区分内部律师在履行其管理职责和法律顾问职责时的不同角色。[⑤] 此外，和其他特权相比，法律特权在英国法下具有一定的绝对性，其表现在与法律特权以外的其他特权比较，其他特权的保护应当在其与“公正管理利益”（administration of justice reason）平衡后裁定，而对于法律特权来说只要符合条件就应当受到保护无需平衡有关利益（绝对特权），这一原则被英国上议院在 Three Rivers *v.* Bank of England 一案中确认。[⑥]

与英国法下的法律特权类似，《美国联邦证据规则》（Federal Rules of Evidence）第 502 条将美国法下的法律特权分为“律师—客户特权”（attorney-client privilege）和“律师工作成果特权”（attorney work product privilege），两

---

① 见 Tayor L.J. 在 Balabel and Others *v.* Air India 案中的判词，Court of Appeal，[1988] Ch 317，330 – 1. 英国上议院在 Three Rivers District Council and Others *v.* Governor and Company of the Bank of England 案中关于法官应当如何判断律师和客户通信是否构成特权通信的判词 [2005] 1 AC 610，651。

② 英国法院早在 1792 年就在 Wilson *v.* Rastall 案中确立了这一原则，Wilson *v.* Rastall（1792）4 Term Rep 753 at 759。执业律师在法律特权证据中的重要性在 New Victoria Hospital *v.* Ryan 案中再次重申。“该特权应严格地限定于法律顾问，如事务律师和出庭律师，这些人具有专业资格，是行业协会的成员，是受到专业的规则和礼仪制约的人群，是对法院负责的人群。”[1993] ICR 201，203–4. 在美国，非律师但是律师雇员受律师指令而进行的通信符合条件时也构成法律特权，见 United States *v.* Louis Kovel，296 F.2d 918（2nd Cir. 1961）。

③ Kennedy *v.* Wallace，[2004] FCAFC 337（澳大利亚联邦法院判例）。

④ 英国《1998 年版权、外观设计和专利法》（Copyright，Designs and Patents Act 1988），载 https://www.legislation.gov.uk/ukpga/1988/48/contents，最后访问时间：2021 年 3 月 11 日。

⑤ Alfred Crompton Amusement Machines Ltd *v.* Customs and Excise Commissioners（No. 2），[1972] 2 QB 102，p.129，参见丹宁爵士（Denning LJ）的评论。

⑥ The Opinions of Lards of Appeal for Judgement for the Cause of Three Rivers District Council *v.* Governor and Company of the Bank of England（2004）[2004] UKHL 48，paras 23–28.

者的适用范围与英国法下的分类大体一致。[①]前者指“对适用法律所规定的律师与客户之间通信的保护”，后者指“对适用法律规定的为了准备诉讼程序或为参加诉讼程序而制作的应当受到保护的所有有形或无形的材料”[②]。《美国联邦证据规则》第501条原则上将法律特权归入适用普通法调整的事项，但宪法、联邦成文法或最高法院规则另有规定的除外。在适用法律问题上，联邦法院已经通过 Erie R.R. *v.* Tomkins 案将法律特权的主张确定为实体法事项，因此对于来自不同州的民事案件中法律特权请求，根据《美国联邦证据规则》第501条，由法院通过冲突规范指向的适用法律特权主张所依据的州法作出决定，而依据联邦法律提出的请求则依据联邦法。[③]实践中，适用的州法通常是特权主张涉及的通信相关地或法律特权关系形成地的法律。

对于来自外国的特权请求，由于美国是《海牙公约》成员国，法院有义务遵守《海牙公约》的义务，但强调不协助任何违反法律特权的强制作证请求。[④]仲裁不在《海牙公约》的适用范围内，但 28 U.S.C. § 1782 允许美国法院协助国际法庭取证。[⑤]在《海牙公约》体系外，为外国请求方提供取证协助需启动 28 U.S.C. § 1782 下的强制作证程序时，美国法院可能会要求请求方证实证据在请求国本国是否属于类似证据发现程序的范围，该审查范围也相应地包含对主张的法律特权在本国证据法下是否适用。[⑥]美国法一般承认外国律师作为法律特权通信一方的地位。[⑦]对待美国本国的民事诉讼程序中遇到的外国法律特权请求，美国法院的做法依案情各异，有些法院倾向于不支持原

---

① 《美国联邦证据规则》第502条，载 https：//uscode.house.gov/view.xhtml?path=/prelim@title28/title28a/node218&edition=prelim，最后访问时间：2021年3月19日。

② 《美国联邦证据规则》第502条。

③ 304 U.S.64（1938）及《美国联邦证据规则》第501条。

④ 28 U.S.C. § 1782（1988）第12条规定美国法院协助外国司法程序而强制作证，但排除了“任何人不得被违反其享有的法律特权而被要求强制作证，提供证词或提供书证”。

⑤ In re Roz Trading Ltd，469 F.Supp.2d 1221 and 1230（ND Ga. 2006）. 美国法院对于协助国际仲裁庭取证的问题也存在不同观点，见 In re Oxus Gold plc，Case No Misc 06-82-GEB，2007 US Dist. LEXIS 24061（DNJ，2 April 2007）。Gary Born 对美国法院在 28 U.S.C. § 1782 下协助国际仲裁庭取证有论述，参见 G. Born，*International Arbitration*：*Law and Practice*，Second Edition，Kluwer Law International，（2015），pp. 430-432。

⑥ In Re Asta Medica，S. A. 981 F. 2d 1，7（1st Cir. 1992）.

⑦ America Law Institute Restatement of Law Governing Lawyers，Section 122.

告提出的证据特权请求，理由是原告是选择法院的一方；[①] 有些法院因外国特权请求不符合美国的较为自由的证据发现制度而未予支持；[②] 有些法院因为所依据的外国法律将法律特权授予了执业律师以外的人士而拒绝接受请求；[③] 还有些美国法院支持了依据外国法律提出的法律特权请求。[④] 证据一旦被认定不受特权保护，出示证据可能因违反外国保密法而使出示一方遭到外国法律制裁的抗辩不足以阻止美国法院发出出示证据的命令。[⑤] 总之，美国法院以美国利益为标准衡量外国特权主张对美国诉讼阻碍程度，因此法院原则上不允许外国特权阻碍美国的证据发现程序。

（二）大陆法系下的法律特权

大陆法系下的证据特权是基于刑法和律师执业操守规范对律师保守执业秘密的义务的规定而产生的。[⑥] 其存在的基础与普通法系完全不同，法律特权的前提是基于律师执业操守而存在的一项保密义务，违反保密义务的律师可能产生刑事责任。[⑦] 如《法国刑法典》规定："任何泄露因职业关系或履行临时职能或任务而获得的属于他人的秘密构成犯罪。"[⑧] 由此可见，大陆法系下的法律特权这一概念的焦点不在于客户，而在于律师在执业规范和刑法下所承担的保密义务，因此有学者将大陆法系的"特权"称为"执业保密"。[⑨] 由于保护执业秘密的要求是律师执业的一项基本义务，因此，在典型的大陆法国家如

① C. Dugan, 'Foreign Privilege in US Litigation', J Int' l L and Prac. Vol.5, (1996), pp.33–34. *See also* Duttle *v.* Bandler and Kass, 127 F.R.D. 46, 51 (1989); Ghana Supply Com *v.* New England Power Co. 83 F.R.D. 586, 589 (1979).

② Odone *v.* Croda International PLC, 950 F Supp.10 (1997).

③ Duplan Corp. *v.* Deering Milliken, Inc. 397 F. Supp. 1146 1169 (1975).

④ 支持来自外国的特权请求的案件参考：Foseco Int' l Ltd. V Fireline, Inc. 546 F. Supp 22, 25 (1985); Golden Trade S. r. L. *v.* Lee Apparel Co. et. al. 143 F. R. D. 514 (1992)。

⑤ United States *v.* First National City Bank, 396 F .2d 897 (2d Cir. 1968).

⑥ J. Rubinstein and B. Guerrina, 'The Attorney-Client Privilege and International Arbitration', *Journal of International Arbitration*, (2001), Volume 18 Issue 6, p.591.

⑦ D. Kuitkowski, 'The Law Applicable to Privilege Claims in International Arbitration', *Journal of International Arbitration*, (2015), Vol. 32 Issue 1, p.68.

⑧《法国刑法典》第 226–13 条。

⑨ J. Waincymer, *Procedure and Evidence in International Arbitration*, Kluwer Law International, (2012), p.801.

瑞士、德国等，在法律程序中能够援引法律特权的一方通常是承担保密义务的律师，同时能够放弃此项权利的也是律师而非客户。即使客户在司法程序中声明放弃该项特权，律师也无权向法庭或仲裁庭披露有关证据。律师在执业规范下也承担谨慎判断哪些属于执业秘密的义务，对于属于执业秘密的证据，律师有权最终决定是否在法律程序中披露其取得的客户的保密信息。[①]

大陆法系与普通法系下法律特权制度的另一个显著不同在于公司内部律师和其雇主之间的通信是否构成法律特权证据。如前所述，英国上诉法院在Alfred Crompton *v.* Customs and Excise Commissioners（No. 2）案中确认了内部律师在履行法律顾问职责时的通信应当享有法律特权，但是在大陆法系部分国家以及欧盟法院却认为公司内部律师并不享有独立执业律师的特权。[②]欧盟法院（ECJ）传统立场是不支持公司内部律师的法律意见享有法律特权。在AM & S Europe *v.* European Commission案中，欧盟法院拒绝给予一名公司律师与其公司间的通信在反垄断案中以法律特权。该案中欧盟法院明确确认律师和客户之间的通信受到特权保护，但同时认为构成特权的通信应当满足两个条件：第一，有关通信必须是为了在法律程序中代理客户而提供代理（法律）意见的目的；第二，通信必须是在独立律师和其客户之间进行的。法院认为独立的执业律师承担协助法院履行维护司法正义的义务，而公司内部律师无法承担此义务。[③]在Akzo Chemicals Ltd. and Akcros Chemicals Ltd. *v.* European Commission案中，欧盟法院再次适用了前述案件判决所确立的原则，判决公司律师与其雇主之间的内部通信不具有法律特权。[④]显然在公司内部律师和其雇主之间的通信是否构成法律特权的问题上，欧盟法院的立场与英美等国的立场存在较大差异。虽然如此，欧洲国家间对此却持不同观点，例如，瑞士、法国、瑞典和意大利的法律与欧盟法院的立场一致，法律特权保护仅适用于独立外部律师。而

---

① J. Rubinstein and B. Guerrina，‘The Attorney–Client Privilege and International Arbitration’，*Journal of International Arbitration*，（2001），Volume 18 Issue 6，p.592.

② D Kuitkowski，‘The Law Applicable to Privilege Claims in International Arbitration’，*Journal of International Arbitration*，（2015），Vol. 32，Issue 1，pp.72–74.

③ AM & S Europe Limited *v.* Commission of the European Communities. Case C–155/79（May 18，1982），Judgement，para. 27.

④ Akzo Chemicals Ltd. and Akcros Chemicals Ltd. *v.* European Commission，Case C–550/07–P（14 September 2010），paras 51–75.

在比利时、丹麦、荷兰和西班牙等国的法律下，法律特权可以适用于内部或外部律师。德国公司的内部律师也可以享有法律特权，但根据德国联邦最高法院的判决，内部律师的法律特权授予需同时满足两个条件：（1）律师要在律师协会注册；（2）内部律师需独立执行其雇主以外的法律事务。[①]

三、国际仲裁规则下的法律特权

（一）仲裁规则

世界大多数主要的仲裁规则对特权问题均未明确规定，有些规则甚至完全忽略了这个问题。这些仲裁规则既没有规定法律特权的适用规则，也没有提供仲裁庭应当如何寻找适用法的指引。目前只有少部分仲裁规则或专业机构的证据规则有原则性规定或简单适用程序。例如，美国仲裁协会下的国际争议解决中心（ICDR）的《国际争议解决中心仲裁规则》（2014）第22条规定：

"仲裁庭应考虑到适用的法律特权原则，如涉及律师与当事人之间通信的保密的原则。在当事人、其代理人或其文件受不同适用法律管辖时，仲裁庭应尽可能对所有当事人适用相同的规则，并优先适用提供最高保护标准的规则。"[②]

此外，国际冲突预防与化解研究中心（International Institute for Conflict Prevention and Resolution）的《CPR非管理仲裁规则》（2018）第12.2条规定：

"如果任何一方提出要求或法庭指示，应举行听审以便各方出示证据和口头辩论。证词可酌情以书面和/或口头形式提出。不要求仲裁庭适用司法程序中适用的证据规则，但是仲裁庭应适用法律特权和律师工作成果豁免。应由仲裁庭决定任何特权或豁免的适用性以及所提供证据的可采性、相关性、实

---

① K. Berger, 'Evidentiary Privileges: Best Practice Standards versus/and Arbitral Discretion', *Arbitration International*, Vol. 22, No. 4, (2006), pp.505–506.

② https://www.icdr.org/sites/default/files/document_repository/International_Dispute_Resolution_Procedures_Chinese.pdf，最后访问时间：2021年3月12日。

质性及证明力。”[①]

主要仲裁规则均授权仲裁庭对证据事项的自由裁量权，仲裁庭可以不受冲突规范的约束而确定仲裁程序的适用法。例如《ICC 仲裁院仲裁规则》（2021）第 19 条规定：“仲裁庭审理案件的程序受本仲裁规则管辖；本仲裁规则没有规定的，受当事人约定的或当事人没有约定时仲裁庭确定的规则管辖，不论是否因此而援引适用于该仲裁的某一国内法的程序规则。”[②] 同时，《ICC 仲裁院仲裁规则》还规定：“在任何情形下，仲裁庭应当公平和中立行事，确保各当事人均有合理的陈述机会。”[③]《贸法会仲裁规则》（2010）第 17.1 条也规定“在不违反本《规则》的情况下，仲裁庭可以以其认为适当的方式进行仲裁，但须平等对待各方当事人，并在仲裁程序适当阶段给予每一方当事人陈述案情的合理机会。”作为基本普遍适用的原则，仲裁程序中的证据事项应当受以上原则约束。

（二）《IBA 取证规则》下的法律特权

已经在国际仲裁程序中广泛运用的《IBA 取证规则》第 9 条明确规定符合条件的特权证据可以被排除在取证范围外。《IBA 取证规则》第 9.2（b）条规定：“仲裁庭应当依据一方当事人的请求或自行决定，将属于以下情况的文件资料、陈述、口头证言或勘验排除在证据或出示范围之外：……（b）在仲裁庭确定的适用法律或执业操守下构成法律障碍或形成法律特权。”此外，《IBA 取证规则》第 9.1 条广泛授权仲裁庭就证据的可采性、关联性、实质性和重要性自行作出决定。在这一前提下，第 9.2（b）条的规定可以理解为包含三层意思：（1）仲裁庭应确定其认为适用的法律或执业操守作为法律特权请求的裁决依据；（2）有关请求应当在仲裁庭认为适用的法律或执业操守下构成法律特权；（3）仲裁庭有充分的裁量权决定适用法律或执业操守，而不必受当事人请求作为裁判依据。

第 9.2（b）条明确要求在判断法律特权时应当依据仲裁庭认为适用的法

① https：//www.cpradr.org/resource-center/rules/arbitration/non-administered/2018-cpr-non-administered-arbitration-rules，最后访问时间：2021 年 3 月 12 日。

② https：//iccwbo.org/content/uploads/sites/3/2017/02/ICC-2017-Arbitration-and-2014-Mediation-Rules-chinese-version.pdf，最后访问时间：2021 年 3 月 12 日。

③ 《ICC 仲裁院仲裁规则》（2021）第 22.4 条。类似规定参见《伦敦国际仲裁院仲裁规则》第 14.1（i）条。

律或执业操守规范。虽然《IBA 取证规则》没有指明确定适用法的规则，却给出一定的指引。[①]2020 版《IBA 取证规则》第 9.4 条列出了在强制法和执业操守允许的范围内适用第 9.2（b）条应当考虑的要素，其中包括：

“(a) 与提供或获取法律意见有关的文件、声明或口头通信需要保密的程度……

（c）于法律障碍或特权产生时，各方及其顾问对有关证据特权的期望；

（d）是否存在通过同意披露、提前披露、对文件的同意使用、声明、口头沟通或建议或其他方式可能导致对适用的法律障碍或特权的放弃；

（e）保持给与各方公平和平等对待的需要，特别是如果它们受到不同的法律或执业操守规则的约束时。”

这表明了仲裁庭没有义务依据请求方主张适用的法律对法律特权做出认定。第 9.4 条指明了适用法律特权时应当考虑的因素，特别是（c）和（e）两项，为仲裁庭确定适用法律限定了一定范围。由此可见《IBA 取证规则》第 9.2（b）条所要求的“适用的法律或律师执业操守”并不是简单地选择适用某个国内法或执业操守规范。那么在适用《IBA 取证规则》的仲裁程序中证据特权应当如何确定适用法律呢？毋庸置疑，所有仲裁程序都受仲裁规则约束。此外，对与证据有关的事项，国际仲裁庭一般也会参照《IBA 取证规则》的指引，因此这两部分自然构成适用法律的一部分。此外，根据 2020 版《IBA 取证规则》第 9.4（c）条的规定，仲裁庭对各方在法律特权产生时的期望也应当纳入考虑范畴，因此各方期望的法律也构成适用法律的一部分。由此可以看出，第 9.2（b）条中的“适用的法律或执业操守规范”是一个适用法原则下综合考虑多个相关因素后的结果。

《IBA 取证规则》下的法律特权存在一定的绝对性。当事人一般都会提出其期望适用的法律，仲裁庭应当公平合理地考虑各方的期望，当特权在主张的法律下成立时即具有绝对性。在不违反仲裁规则和证据规则的前提下，除非双方对此存在争议，一般会得到支持。与此形成鲜明对比的是，第 9.2（f）

---

① R. Mosk and T. Ginsburg, ‘Evidentiary Privileges in International Arbitration’, *International and Comparative Law Quarterly*, Vol. 50, Issue 2 (2001), p.368.

条所规定的具有政治敏感性的证据特权，该种特权是一种“合格特权”。[①] 请求方对适用法律的期望往往只能作为仲裁庭对特权请求考虑的因素之一。第9.2（f）条规定，仲裁庭认定具有说服力的具有特殊的政治或机构敏感性（包括被政府或国际公共机构归类为机密的证据）的证据，可以予以排除。第9.2（f）条中的请求一般也是国家一方援引其国内法提出的，但是仲裁庭的通常做法是先审查当事人援引的本国法下敏感证据是否成立，然后依据其认定的适用法律，经过相关利益平衡后作出裁决。[②] 第9.2（f）条没有要求仲裁庭在适用法律的基础上作出裁决，但实践中仲裁庭通常会首先明确适用法律。实践中仲裁庭针对第9.2（f）条的主张通常拒绝适用国内法而是依据国际法一般原则和有关的判例作出裁决。例如，在 Biwater *v.* Tanzania 案中，ICSID 仲裁庭对坦桑尼亚所依据的《坦桑尼亚宪法》第54（5）条给予了简要分析，随后直接驳回了坦桑尼亚援引其国内法提出的关于“公共利益豁免”的请求。仲裁庭随后指出：“本仲裁庭是一个国际仲裁庭，受国际公约管辖，国际公约授权其调查一国的行为和责任。这是国际条约和国际习惯法下的义务。很难想象，在这种情况下一国援引其国内的公共利益概念和与本国政府运作有关的政策，作为反对出具与确定国家是否违反了其国际义务，以及因此是否承担了其国际责任的证据。”[③] 另外，在 Philip Morris *v.* Australia 案中，PCA 仲裁庭在确定敏感证据排除的适用法时直接称：“仲裁庭承认各方的本国法可以（对于敏感证据排除问题上）提供有帮助的参照，但国内法不能作为仲裁庭作出任何决定的依据或对仲裁庭的决定产生决定性的影响。”[④] 由此可见，在裁决具有政治敏感性证据是否应当排除时，仲裁庭会更多地考虑事项的国际性来平衡多种

---

① William Ralph Clayton, William Richard Clayton, Douglas Clayton, Daniel Clayton and Bilcon of Delaware Inc *v.* Government of Canada, UNCITRAL, PCA Case No 2009-04, Procedural Order No.13, (11 July 2012), para. 22.

② William Ralph Clayton, William Richard Clayton, Douglas Clayton, Daniel Clayton and Bilcon of Delaware Inc *v.* Government of Canada, (PCA Case No. 2009-04), Procedural Order No.13, (11 July 2012), paras.22-26.

③ Biwater Gauff (Tanzania) Ltd. *v.* Tanzania, (ICSID Case No. ARB/05/22), Procedural Order No. 2 (24 May 2006), p.8.

④ Philip Morris Asia Limited *v.* The Commonwealth of Australia, UNCITRAL, PCA Case No. 2012-12, Procedural Order 12 (14 November 2014), para.4.6.

因素，裁决也更强调不受国内法约束。与此相比，法律特权具有绝对性，其成立与否更多地依赖于国内法和执业操守。

四、法律特权的属性：程序事项还是实体事项？

虽然仲裁庭有广泛的自由裁量权，但法律特权是依国内法或律师执业操守规范而存在的。实践中，各方通常会选择对其主张有利的法律来主张特权，当遭到另一方的异议时，仲裁庭就需要确定适用的法律或律师执业操守规范。这一过程可能会受到法律特权属性的影响。[①] 理论上，对于程序事项而言仲裁庭要适用管辖仲裁程序的法律，一般情况下通常是仲裁地程序法（*lex arbitri*）。[②] 对实体事项而言，仲裁庭适用的法律一般是当事人协议选择适用的法律、根据仲裁地法的冲突规范指向的法律（*voie indirecte*）或仲裁庭直接确定的法律（*voie direct*）。[③]《IBA 取证规则》第 9.2（b）条就是典型的直接选择法，此外，《ICC 仲裁院仲裁规则》第 21.1 条也体现了直接选择法，对此本文不再赘述。[④]"非本地化"（delocalized）的仲裁程序，例如国际条约下的仲裁程序，一般按照条约的规定来确定实体法，仲裁程序将受国际法一般原则管辖。[⑤]

先以一个案例说明法律特权属性在实践中可能带来的复杂问题。一家法国

---

① K. Berger, "Evidentiary Privileges: Best Practice Standards versus/and Arbitral Discretion", *Arbitration International*, Vol. 22, No. 4, (2006), p. 507.

② N. Blackby, et.al., *Redfern and Hunter on International Arbitration* 6th ed., Oxford University Press, (2015), pp.166–185.

③ N. Blackby, et.al., *Redfern and Hunter on International Arbitration* 6th ed., Oxford University Press, (2015), pp. 185–223. *See* also L. Silberman and F. Ferrari, Getting to the law applicable to the merits in international arbitration and the consequences of getting it wrong, in F. Ferrari and S. Kröll (ed.), *Conflict of Laws in International Arbitration 2011* Sellier European Law Publishers, Munich, pp. 294–305.

④《ICC 仲裁院仲裁规则》第 21.1 条规定："当事人有权自由约定仲裁庭处理案件实体问题所应适用的法律规则。当事人对此没有约定的，仲裁庭将决定适用其认为适当的法律规则。" https://iccwbo.org/content/uploads/sites/3/2017/02/ICC-2017-Arbitration-and-2014-Mediation-Rules-chinese-version.pdf，最后访问时间：2020 年 11 月 1 日。

⑤《关于解决国家与其他国家国民之间投资争端公约》第 42.1 条；Ambiente Ufficio S.P.A. and others v the Argentine Republic (Decisions on Jurisdiction and Admissibility), (ICSID Case No. ARB/08/9), (8 February 2013), para.236。

公司和一家英国公司在巴黎参加国际商会关于这家英国公司和法国公司在阿根廷共同成立的子公司的股份争议的仲裁。合同约定的管辖法律是纽约州法律。争议发生前，法国和阿根廷的外部律师曾分别向阿根廷公司的总裁提供过法律意见。在证据开示程序中，应英国公司的要求仲裁庭命令法国公司提供包含该法律意见的邮件。英国公司的要求之一是出示法国和阿根廷外部律师制作的法律建议，该英国公司称，根据纽约州法律从外部律师那里收到的建议在公司股东之间不享有特权。法国公司反驳说，股东之间在发生与他们拥有的公司有关的纠纷时有权忽略特权这一概念是一项程序性规则，因此，不能在合同中法律选择条款来引入纽约州法律下的这一概念。相反，法国公司认为该法律特权的请求应当由法国法律管辖，因此文件受到特权保护。

法律特权属于实体还是程序事项始终存在争议。[①] 即使是普通法系中英国和美国对此认识也略有差异，美国判例一般将法律特权视为实体事项，英国法则认为难以归类。[②] 大陆法系国家则通常将法律特权作为程序法调整的问题视为程序事项。[③] 由于仲裁往往掺杂灵活的考虑因素，使这一问题变得更为复杂，一方面，国际仲裁庭一般没有义务适用仲裁地法（*lex fori*）中的冲突规范。不同背景的仲裁员在选择适用法律时会受到其法律背景和仲裁规则的双重影响，部分仲裁庭会根据最紧密联系原则来确定适用法律，也有仲裁庭会在考虑特殊因素的同时适用冲突规范来确定合同适用法律。[④] 另一方面，仲裁庭会受到当事人对特权问题的“依赖利益”（reliance interest）的预期的影响，因

---

① R. Mosk and T. Ginsburg, ‘Evidentiary Privileges in International Arbitration’, *International and Comparative Law Quarterly*, Vol. 50, Issue 2（2001）, p.377.

② J. Waincymer, *Procedure and Evidence in International Arbitration*, Kluwer Law International,（2012）, pp.803–804; Three Rivers District Council & Others *v.* Governor & Company of the Bank of England（No.10）[2004] 3 WLR 1274（HL）, para. 26.

③ D Kuitkowski, The Law Applicable to Privilege Claims in International Arbitration, *Journal of International Arbitration*,（2015）Vol. 32, Issue 1, pp. 82–83.

④ N. Blackby, et.al., *Redfern and Hunter on International Arbitration* 6th ed., Oxford University Press,（2015）, pp.222–223. 雷德芬认为与法院不同，仲裁庭不必适用仲裁庭所在地冲突法来确定实体法，适用冲突法的结果可能严重导致违背当事人选择仲裁时的预期，因此有观点认为当约定不明时仲裁庭本身有权自由决定实体法（voie directe）。

而不能行使完全的自由裁量权。[①] 如 Schlabrendorff 和 Sheppard 所指出的:“国际仲裁应力求满足当事人的期望……第一个期望是在通信时享有特权的仍将保持特权。各方假定国内法院承认的特权同样将得到外国法院和国际仲裁庭的承认。这种期望很重要,因为它将影响到通信的属性,并涉及法律特权存在的基本理据(即客户与其律师之间充分和公开的通信)。”[②]“依赖利益”在确定法律特权适用法问题上非常重要,如果仲裁庭无视这一意愿而适用其他法律或律师执业操守可能引发对裁决的挑战。[③] 实践中,仲裁庭会在证据开示程序中要求当事人列明主张的特权、依据以及理由,除非不具合理性或遭到异议,仲裁庭对此应予以承认。[④]2020 版《IBA 取证规则》第 9.4(c)条对这一原则已经固化,对适用《IBA 取证规则》的仲裁庭来说已经成为一项必须遵守的规则。前述案例恰好显示了对法律特权属性的不同认识可能为仲裁庭在确定适用法律方面带来的难题,双方争议的本质是法律特权属于程序事项还是实体事项,显然英国公司认为法律特权是一个实体事项应当适用纽约州法,而法国公司认为法律特权程序事项应当适用仲裁地法,即法国法,适用结果可能截然相反。

如果将法律特权视为程序事项则直接适用仲裁地法。问题随之而来,仲裁地仅是仲裁行为发生地,可能与法律特权形成的事实毫无关联,甚至有可能是当事人在进行法律特权通信时还没有约定仲裁地。适用仲裁地法非常有

---

① 参考案例:Apotex Holdings Inc *v.* United States, ICSID Case No ARB(AF)/12/1, Procedural Order on Document Production Regarding the Parties' Respective Claims to Privilege and Privilege Logs(5 July 2013), para 20; Glamis Gold Ltd *v.* United States, UNCITRAL, Decision on the Parties' Requests for Production of Documents Withheld on Grounds of Privilege(17 November 2005)para 19。

② F. Schlabrendorff and A. Sheppard, 'Conflict of Legal Privileges in International Arbitration: An Attempt to Find a Holistic Solution', in *Global Reflections in International Law*, Commerce and Dispute Resolution: Liber Amicorum in Honour of Robert Briner p. 746(Gerald Aksen and others eds., ICC Publishing SA 2005), p. 765.

③ K. Berger, 'Evidentiary Privileges: Best Practice Standards versus/and Arbitral Discretion', *Arbitration International*, Vol. 22, No. 4,(2006), p.508.

④ Liman Caspian Oil BV and NCL Dutch Investment BV *v.* Republic of Kazakhstan, ICSID Case No ARB/07/14, Award(22 June 2010), para 26.

可能不符合当事人的预期，更不可能考虑到仲裁地法对此的保护。[①]此外，由于法律特权具有公共政策的属性，对此各国的解释空间较大。法律特权作为一项广为承认的保护当事人自由地寻求法律帮助权利的制度，如果遭到仲裁庭的忽略，其结果可能被认为违反公共政策而被执行法院以违反《纽约公约》第5.1（d）条或第5.2（b）条为由遭拒绝执行。仍以前述案例为例，双方争议在于适用纽约州法律还是法国法律，但是如果仲裁庭根据冲突规范或最紧密联系原则裁决（争议项目地在阿根廷，同时阿根廷律师也批准和出具了最终的法律意见），法律特权应当由阿根廷法律管辖，这将与争议双方预期严重不符，很可能引起败诉方的挑战。法律特权似乎无法毫无争议且令人满意地解释为程序或实体事项，通过选择法律的方法来确定适用法律似乎不能带来满意的结果。有学者甚至建议仲裁庭应当回归考虑法律特权制度的社会价值的本意或作为一项跨国公共政策来执行。[②]

五、国际仲裁程序法律特权适用的基本规则

（一）公平和平等原则

公平和平等地对待双方是所有国际仲裁程序必须遵守的基本原则，在任何仲裁程序中都应当给予优先考虑。几乎所有主要仲裁规则都要求仲裁庭在行使自由裁量权时承担维持正当程序（due process）的强制义务。例如，《斯德哥尔摩商会仲裁院仲裁规则》和《贸法会仲裁规则》都要求仲裁庭以平等和公平的方式进行仲裁程序，并且在程序的任何阶段都应给予每一当事方充分陈述其案情的机会。[③]严重违反基本原则而作出的仲裁裁决有导致产生《纽

① J. Waincymer, *Procedure and Evidence in International Arbitration*, Kluwer Law International, (2012), p. 803; K. Berger, 'Evidentiary Privileges: Best Practice Standards versus/and Arbitral Discretion', *Arbitration International*, Vol. 22, No. 4, (2006), pp. 508–509; R. Mosk and T. Ginsberg, 'Evidentiary Privileges in International Arbitration', *International and Comparative Law Quarterly*, Vol. 50, Issue 2 (2001), p. 383.

② R. Mosk and T. Ginsburger, 'Evidentiary Privileges in International Arbitration', *International and Comparative Law Quarterly*, Vol. 50, Issue 2 (2001), pp.377, 380.

③ 《贸法会仲裁规则》(2010年)第17条和《斯德哥尔摩商会仲裁院仲裁规则》(2017年)第23条。《贸法会仲裁规则》第17条规定，“在遵守本规则的情况下，仲裁庭可以以其认为适当的方式进行仲裁，但各方当事人必须得到平等对待，并在程序的适当阶段给予每一当事方提出其案件的合理机会”；《斯德哥尔摩商会仲裁院仲裁规则》第23条规定，“在所有情况下，仲裁庭应以公正、高效和迅速的方式进行仲裁，给予每一方平等和合理的机会提出其案件”。

约公约》第 5.1（d）条或第 5.2（b）条不执行或裁决依据仲裁地法被撤销的风险。2020 版《IBA 取证规则》第 9.4（e）条规定了仲裁庭在适用第 9.2（b）条时需要考虑"公平或平等对待当事人"的因素，特别是当他们来自不同的法律或道德规范背景下。该规则在仲裁中被解释为对各方举证权利的平等保护。撤裁委员会在 Wena Hotels *v.* Egypt 一案中对于这一"基本程序规则"进行了解释，"作为一个程序性问题，赋予各方在独立人士和公正的仲裁庭面前陈述意见的权利是一项根本权利。这包括陈述其主张或答辩以及提出所有论点和支持它的证据。这一基本权利必须保证在平等水平上使各方都能够充分回应对方提出的论点和证据"[①]。MINE *v.* Guinea 案的撤裁委员会认为《贸法会国际商事仲裁示范法》第 18 条的规定，即当事人应得到平等对待，每一当事方应有充分的机会提出其案件构成基本规则，构成一个明确的国际仲裁根本原则的范例。[②] 仲裁庭在 Biwater *v.* Tanzania 案中也明确指出平等地对待各方是仲裁庭必须遵守的"国际仲裁的根本原则"。[③] 证据事项上平等对待双方尤其重要。以 ICSID 仲裁为例，当事人和仲裁庭都受《ICSID 公约》和《ICSID 仲裁规则》下的"基本程序规则"（Fundamental Rules of Procedure）的约束。任何严重违反基本程序规则的行为，都可能导致裁决受到《ICSID 公约》第 52（d）条下程序的撤裁。[④]Fraport *v.* Philippines 一案的仲裁裁决被撤裁委员会撤裁，理由之一就是仲裁庭未能给予申请人在听证程序结束后提交的新证据以平等申辩机会。撤裁委员会认为，"仲裁庭在收到菲律宾检察官决议后对当事方的不公平对待已经实际严重背离了要求当事方有权平等陈述案件的基

---

① Wena Hotels *v.* Egypt, ICSID Case No. ARB/98/4, Decision on Annulment, 5 February 2002, para. 57.

② Maritime International Nominees Establishment (MINE) *v.* Guinea, ICSID Case No. ARB/ 84/4, Decision of the Ad Hoc Annulment Committee, 22 December 1989, para. 5.06.

③ Biwater Gauff (Tanzania) Ltd. *v.* Tanzania, ICSID Case No. ARB/05/22, Procedural Order No. 2, 24 May 2006, p.9.

④《解决国家与他国国民间投资争端公约》第 52（d）条；《解决国家与他国国民间投资争端中心仲裁规则》第 50（1）（c）（iii）条。

本程序规则……该规则无疑是一项基本规则，违反的后果是严重的”①。

公平和平等原则当然适用于法律特权事项。一方面，仲裁庭在程序中必须给予双方以平等的机会来陈述有关证据特权的事实和意见，程序上必须保证各方的表达具有一定的具体性和明确性，以便另一方对此充分理解并作出有意义的答复。另一方面，仲裁庭对双方的陈述答辩以及举证适用的评判标准也应当相同或类似，除非具有合理的理由。但何为公平和平等原则？其适用是否意味着一定要适用统一的标准来裁判各方的法律特权请求？IBA对第9.4（e）条的官方解释是：

“强调需要维护各方之间的公平和平等。对当事方之间的公平和平等的保护需要在当事人所在管辖区的主要特权保护办法不同时出现。例如，一个管辖区可能承认和解特权，而另一个法域可能不承认，或者一个法域可能将律师—当事人特权扩大到内部律师，而另一个法域对此不承认。在这种情况下，对当事人适用不同的规则可能会造成不公平。”②

IBA对第9.2（g）条的解释也与此类似。③可以看出，IBA认为，当不同保护标准造成各方之间处于不平等的地位时，仲裁庭应当适用相同或至少类似的标准来保护各方处于不同水平的法律特权请求。

但是，是否意味着在一个法国当事人与美国当事人参加的仲裁程序中，只要法国当事人主张，就可以要求以美国标准保护其与内部律师的通信呢？是否公平或平等原则应当将保护标准提升到美国标准呢？如果回归到法律特权保护的意义中来，各方对法律特权保护的合理预期应当是当通信特权产生时

① Fraport AG Frankfurt Airport Services Worldwide *v.* Republic of the Philippines,（ICSID Case No. ARB/03/25）, Annulment Proceeding（23 December 2010）, paras 197–208（“[t]he requirement that the parties be heard is undoubtedly accepted as a fundamental rule of procedure, a serious failure of which could merit annulment ‘...’ the ad hoc Committee was in no doubt that such a requirement was in any event a fundamental rule, the breach of which was serious”）.

② P. Ashford, *The IBA Rules on the Taking of Evidence in International Arbitration: A Guide*, Cambridge University Press, 2013, p.144.

③ IBA对第9.2（g）条的官方解释也与此类似，其强调当各方保护标准不同而导致不平等或不公平时应当将不受特权保护的证据也排除。

享有的特权在争议中仍应受到同样的保护，反之则不应受到同样的保护。如果通信产生时对特权保护的标准较低，是否仲裁庭应当认可其主张时的预期？就法国公司的预期而言，在通信发生时其合理预期应当内部通信是不受到保护的，而非适用美国保护标准。当争议发生时，主张更高的保护标准应当不符合法律特权保护本意。仲裁程序中应当依据最紧密联系的原则确定各自的保护标准，还是为了所谓公平和平等原则而一律适用最高保护标准实际上已经成为仲裁庭的价值取向问题。如上文提到的 Schlabrendorff 和 Sheppard 的观点，他们认为一方应当受到的保护不应当高于其自身法院适用的保护标准。①也有学者建议，仲裁庭从限制证据开示请求的角度出发，应当仅仅允许一方请求其本身适用法律下不受保护的证据。②对于这些问题，《IBA 取证规则》似乎也没有给出清晰的答案。③

（二）适用冲突规范或最紧密联系原则

选择适用法律的方法发生于仲裁庭认为法律特权事项属于实体事项，而当事人未就适用法律做出明确有效的约定的前提下，这种方法是仲裁庭确定法律特权请求适用法的较为传统方法。④有别于直接选择法，就法律特权来说间接选择适用法就是仲裁庭运用与保密信息有关的事实连结点来选择适用最紧密联系的法律或选择适当的冲突法后再选择适用的实体法。⑤实践中两者的

① F. Schlabrendorff and A. Sheppard, 'Conflict of Legal Privileges in International Arbitration: An Attempt to Find a Holistic Solution', in *Global Reflections in International Law*, Commerce and Dispute Resolution: Liber Amicorum in Honour of Robert Briner p. 746 (Gerald Aksen and others eds., ICC Publishing SA 2005), p.766.

② H. Raeschke-Kessler, 'The Production of Documents in International Arbitration – A Commentary on Art. 3 of the New IBA Rules of Evidence', *Arbitration International* Vol. 18, No. 4 (2002): p. 428.

③ J. Waincymer, *Procedure and Evidence in International Arbitration*, Kluwer Law International, (2012), pp. 807–808.

④ G. Born, *International Arbitration: Law and Practice*, Second Edition, Kluwer Law International, (2015), p. 192.

⑤ 前者如：日本和德国的冲突法规定当事人没有选择法律时，仲裁庭可以适用与争议事项最紧密联系的国家的法律；后者如：《示范法》和英国《1996 仲裁法》指引仲裁庭在当事人没有有效选择适用法律时，适用其认为适当的冲突法，参见《英国仲裁法》1996 S46.3 和《示范法》第 28.2 条，见 L. Silberman and F. Ferrari, 'Getting to the law applicable to the merits in international arbitration and the consequences of getting it wrong', in F. Ferrari and S. Kröll (ed.), *Conflict of Laws in International Arbitration 2011* Sellier European Law Publishers, Munich, pp. 277–281。

结果有可能区别不大。[①]

利用冲突规范或最紧密联系原则作为选择法律的方法在各国的冲突法中是常见的。[②]典型的直接选择法是日本和德国的冲突法，规定当事人没有选择法律时，仲裁庭可以适用与争议事项最紧密联系的国家的法律。[③]典型的间接选择法是《美国联邦证据规则》，保密通信发生于法院地以外的州时，法院应当适用冲突规范来决定适用法律，适用的结果一般是适用与有关证据具有最重要联系州的法律，例如律师的协会组织或受益人所在地等。[④]此外，还可能适用“最紧密联系原则”来确定管辖法律。[⑤]例如，我国《涉外民事法律关系法》规定可以适用该原则来确定涉外民事合同法律关系的适用法律。[⑥]从前文案例中已经可以看出，这一办法的最大缺点在于当面临双方的证据开示请求时，可能造成包括保密信息发出地、收到地，律师的行业组织所在地，项目所在地等多个可选择的适用法律，可能因此造成对双方的请求适用不同法律，

---

① K. Berger，‘Evidentiary Privileges：Best Practice Standards versus/and Arbitral Discretion’，*Arbitration International*，Vol. 22，No. 4，(2006)，p.510.

② L. Silberman and F. Ferrari，‘Getting to the law applicable to the merits in international arbitration and the consequences of getting it wrong’，in F. Ferrari and S. Kröll (ed.)，*Conflict of Laws in International Arbitration 2011* Sellier European Law Publishers，Munich，pp. 277–279。书中简要介绍了在当事人没有有效选择适用法律时，部分国家的冲突法指引仲裁庭适用冲突规范或最紧密联系原则，例如日本、德国、瑞士等国。

③ L. Silberman and F. Ferrari，‘Getting to the law applicable to the merits in international arbitration and the consequences of getting it wrong’，in F. Ferrari and S. Kröll (ed.)，*Conflict of Laws in International Arbitration 2011* Sellier European Law Publishers，Munich，p.278.

④《美国联邦证据规则》第501条将民事案件中法律特权的适用法确定为州法，对此的讨论参见本文第二部分第一节。一般情况下，美国法院优先适用与法律特权最重要联系州的法律，如果该州的法律认为法律特权成立，那么特权成立，即便在法院地法律下该特权也不成立。参见ALI Restatement of The Law 2nd. Conflict of Law. (1971) 139. Mosk and Ginsburger对美国法律特权适用冲突法有一般性讨论，参见R. Mosk and T. Ginsburger，‘Evidentiary Privileges in International Arbitration’，*International and Comparative Law Quarterly*，Vol. 50，Issue 2 (2001)，pp.369–370。

⑤ G. Born，*International Arbitration*：*Law and Practice*，Kluwer Law International (2012)，p. 186.

⑥《中华人民共和国涉外民事关系法律适用法》第41条规定：“当事人没有选择的，适用履行义务最能体现该合同特征的一方当事人经常居所地法律或者其他与该合同有最密切联系的法律。”

从而造成法律特权保护标准上的差异。[①] 如果适用仲裁地的冲突规范或最紧密联系原则指向的法律作为法律特权事项的准据法，一般情况下，至少存在以下五类法律可能成为适用法：

（1）仲裁地法；

（2）律师主张法律特权地的法律；

（3）适用于法律特权关系形成或存在的法律；

（4）法律意见提供地或工作成果地法；

（5）法律意见收到地法。[②]

适用上述法律有可能造成以下问题：第一，可能产生违背各方当事人意愿的结果，当事人在约定仲裁地时几乎不可能考虑其冲突规范对证据规则的影响，而仅仅考虑了仲裁地的中立性、便利性和整体法律环境。[③] 第二，如前文所述，在国际仲裁程序中法律特权主张可能存在于不同的法律或律师执业规范体系下，如果仲裁庭适用最紧密联系原则或冲突法来处理来自各方的法律特权请求时，可能带来适用不同法律的问题。特别是当不同国家法律或规范之间对法律特权制度存在较大的区别而形成特权保护的"高地"和"低地"时，除非仲裁庭采取措施予以平衡，否则可能会对各方利益保护产生不平等的对待，从而带来背离程序正当性基本原则的风险。

（三）最高保护标准

如前文所述，在国际仲裁程序中适用冲突规范或最紧密联系原则来确定适用法律的结果可能并不理想。Schlabrendorff 和 Sheppard 介绍了一种改进

---

① K. Berger, 'Evidentiary Privileges: Best Practice Standards versus/and Arbitral Discretion', *Arbitration International*, Vol. 22, No. 4, (2006), pp. 511-513; Rubinstein and Guerrina, 'The Attorney-Client Privilege and International Arbitration', *Journal of International Arbitration*, (2001), Volume 18 Issue 6, p. 598; P. Rosher, 'The Application and Scope of Attorney-client Privilege in International Arbitration', *Stockholm International Arbitration Review* (2007), Vol. 2, p. 18.

② P. Ashford, *The IBA Rules on the Taking of Evidence in International Arbitration: A Guide*, Cambridge University Press, 2013, p.162.

③ R. Mosk and T. Ginsburger, 'Evidentiary Privileges in International Arbitration', *International and Comparative Law Quarterly*, Vol. 50, Issue 2 (2001), p.377. Olaf Meyer, 'Time to take a closer look: privilege in international arbitration', *Journal of International Arbitration*, Vol 24, No. 4, (2007), p.368.

最紧密联系原则的方法来弥补前者的不足。[①] 适用这种方法时，仲裁庭在各方依据的法律中选择能体现最高保护标准的原则同时适用于双方的法律特权保护请求。[②] 其好处在于它一方面最大限度地反映了《IBA 取证规则》第 9.2（g）条和第 9.4（e）条公平利益的要求，另一方面也尊重了各方对法律特权形成时的“依赖利益”。[③] 这种方法通常使各方在仲裁程序中均能披露最少的文件，并能够保证各方无需披露其预期应当受到保护的所有证据。[④]

“最高保护标准”的方法实际上已经在一些跨境取证国际条约和仲裁规则中得以应用，似乎成为一种新趋势。例如，前文提到的 1970 年《关于从国外调取民事或商事证据公约》规定：

“在请求书的执行过程中，在下列情况下有拒绝作证的特权或义务的有关人员，可以拒绝提供证据：

（一）根据执行国法律，或

（二）根据请求国法律，并且该项特权或义务已在请求书中列明，或应被请求机关的要求，已经请求机关另行确认。

此外，缔约国可以声明在声明指定的范围内，尊重请求国和执行国以外

① F. Schlabrendorff and A. Sheppard, ‘Conflict of Legal Privileges in International Arbitration: An Attempt to Find a Holistic Solution’, in *Global Reflections in International Law*, Commerce and Dispute Resolution: Liber Amicorum in Honour of Robert Briner p. 746 (Gerald Aksen and others eds., ICC Publishing SA 2005), pp. 768–769.

② K. Berger, ‘Evidentiary Privileges: Best Practice Standards versus/and Arbitral Discretion’, *Arbitration International*, Vol. 22, No. 4, (2006), p.518; J. Rubinstein and B. Guerrina, ‘The Attorney-Client Privilege and International Arbitration’, *Journal of International Arbitration*, (2001), Volume 18 Issue 6, pp.598–599; R. Mosk and T. Ginsburg, ‘Evidentiary Privileges in International Arbitration’, *International and Comparative Law Quarterly*, Vol. 50, Issue 2 (2001), p.384.

③ K. Berger, ‘Evidentiary Privileges: Best Practice Standards versus/and Arbitral Discretion’, *Arbitration International*, Vol. 22, No. 4, (2006), p.518.

④ G.Tawil and I. Lima, ‘Chapter 2. Privilege Related Issues in International Arbitration’, in Teresa Giovannini and Alexis Mourre (eds), *Written Evidence and Discovery in International Arbitration: New Issues and Tendencies*, *Dossiers of the ICC Institute of World Business Law*, Volume 6, International Chamber of Commerce (2009), pp. 41–44.

的其他国家法律规定的特权或义务。”[①]

再例如：1975 年《美洲国家组织取证公约》也有类似规定：

“被传唤根据调查请求书在目的地国作证的人，可以在援引法律障碍、例外或拒绝作证义务时拒绝作证：

1. 根据目的地国的法律；或

2. 根据起源国的法律，如果所援引的障碍、例外或拒绝义务在委托书中具体规定，或在目的地法院时得到请求当局的确认。”[②]

此外，最高保护标准原则也被《欧盟成员国法院间民商事取证合作规定》所采纳。[③]另外，前述的美国仲裁协会国际争议解决中心的《国际争议解决中心仲裁规则》（2014）对适用最高保护标准也有明确规定。实际上，按照 IBA 的解释，《IBA 取证规则》第 9.2（g）条的公平和平等原则的适用也会产生最高保护标准的同样效果。[④]但是这一方法也存在不足，适用“最高保护标准”的主要问题在于可能过于保护当事人的证据，促使当事人过度适用法律特权。[⑤]

---

① 《关于从国外调取民事或商事证据公约》第 11 条，载中国人大网，http://www.npc.gov.cn/wxzl/wxzl/2000-12/07/content_3778.htm，最后访问时间：2021 年 3 月 16 日。

② Article 12 of Inter-American Convention on the Taking of Evidence Abroad，http://www.oas.org/juridico/english/treaties/b-37.html，最后访问时间：2021 年 3 月 16 日。

③ 《欧盟理事会关于欧盟成员国法院间民商事取证合作规定》第 14 条和第 17 条（Council Regulation on cooperation between the courts of the Member States in the taking of evidence in civil or commercial matters）（EC）No 1206/2001 of 28 May 2001。

④ 参见国际律师协会仲裁分会对 2010《IBA 取证规则》第 9 条的官方评论。P. Ashford，*The IBA Rules on the Taking of Evidence in International Arbitration：A Guide*，Cambridge University Press，2013，p.145（Article 9.2（g）is a catch-all provision，intended to assure procedural economy，proportionality，fairness and equality in the case. For example，documents that might be considered to be privileged within one national legal system may not be considered to be privileged within another. If this situation were to create an unfairness，the arbitral tribunal may exclude production of the technically non-privileged documents pursuant to this provision. In general，it is hoped that this provision will help ensure that the arbitral tribunal provides the parties with a fair，as well as an effective and efficient hearing）.

⑤ J. Carter，'Privilege Gets a New Framework'，*International Arbitration Law Review*，Vol.13，No. 5（2010），p.179.

例如，当事人故意利用保护标准较高的法律制度来隐藏某些不利事实。此外，过度保护法律特权，也可能不利于仲裁庭建立完整的事实，影响案件的高效审理和实现最大限度的结果公正。[①]Waincymer 认为，法律特权证据一般少见涉及直接证据，所涉及的大部分是可能存在对提供方不利的间接证据，如寻求法律意见函和法律意见等，对发给律师的事实加以保护不代表给予该方对有关事实披露义务的庇护。[②]

（四）尊重当事人的预期结合公平原则的方法——来自投资仲裁的启示

很大部分的投资仲裁庭都声明在证据事项上参照了《IBA 取证规则》第 9 条，这也为澄清对第 9 条的理解提供了实证。如前文第三部分所述，在仲裁规则和《IBA 取证规则》约束下，虽然仲裁庭重视法律特权在有关国家法律下的存在依据的重要性，但并非简单地考虑有关主张在国家法下的法律地位，而是在综合考虑国内法和适用规则所包含的原则后做出裁决。有些仲裁庭承认当事人主张的法律的重要性，但同时强调其不受该法约束，而是依照其确定的适用法做出裁决，包括仲裁规则和证据规则。

实践中，仲裁庭衡量具体法律特权是否成立一般包括几个部分，而且适用法律一般是多层次的。Sourgens，Duggal 和 Laird 对此的总结是仲裁庭会采取以下步骤来衡量法律特权请求：

> 第一，仲裁庭查明（特权）通信是否在各自主张的管辖法律范围内享有特权。第二，仲裁庭确定承认特权是否符合仲裁规则。第三，承认有关法律特权是否符合保护当事方实质性平等权利的利益。每个步骤都受不同的适用法律管辖。[③]

---

① G.Tawil and I. Lima，'Chapter 2. Privilege Related Issues in International Arbitration'，in Teresa Giovannini and Alexis Mourre（eds），*Written Evidence and Discovery in International Arbitration*：*New Issues and Tendencies*，*Dossiers of the ICC Institute of World Business Law*，Volume 6，International Chamber of Commerce（2009），p. 43.

② J. Waincymer，*Procedure and Evidence in International Arbitration*，Kluwer Law International，（2012），p.806.

③ F. Sourgens，et. al. *Evidence in International Investment Arbitration*，Oxford University Press（2018），p.241.

Cambodia Power Company *v.* Cambodia 案仲裁庭在裁决是否因法律特权而排除证人作证时，明确地表述了其适用多层次法律的思路。

“仲裁庭认为 Lobit 先生本仲裁程序中的证据的可采性问题受国际法管辖。在适用国际法的过程中，仲裁庭认为申请人提出的法律障碍、特权、代理、保密和信托责任问题，受加州法律管辖。至仲裁庭就申请人的请求做出决定时，仲裁庭认为其应受到根据各方的约定的《IBA 取证规则》的指引。”①

已有的程序显示仲裁庭通常首先审查法律特权在当事人主张的管辖法律下是否成立，这一过程中仲裁庭表现出了给予各方主张的适用法律的“依赖利益”充分重视。在前述案例中，仲裁庭承认了申请人的主张，即有关证言应当受加州法律管辖。在当事人对适用法律无法达成有效的一致时，仲裁庭会尽力在查明部分的基础上灵活适用相关法律。例如，在 Glamis Gold Ltd *v.* United States 案中，仲裁庭注意到各方均同意参考美国法对特权证据和证据开示的规定，但没有就参考哪个州的法律达成共识。该案中仲裁庭强调其不受美国法约束的同时，参考了包括加州和哥伦比亚特区的判例在内的美国判例法中所体现出的相关原则，并在强调仲裁与诉讼程序区别的基础上创造了适用于本案的法律原则。②在此原则的指导下，仲裁庭就当事人的几项法律特权和律师工作成果特权请求研究了美国的有关判例，并以此为依据做出了若干程序性裁决。③法律特权在该层次法律下的地位决定了其是否可以在以后的程序中受到进一步的审查，而不能约束仲裁庭。

仲裁庭需要进一步审查特权请求是否符合仲裁规则和取证规则（如适用）下的仲裁程序。对此的考量一般是以仲裁规则或证据规则为依据的。再以 Glamis Gold Ltd *v.* United States 案为例，仲裁庭在审查政府律师是否享有法律

---

① Cambodia Power Co *v.* Kingdom of Cambodia，ICSID Case No ARB/09/18，Decision on the Claimant's Application to Exclude Mr. Lobit's Witness Statement and Derivative Evidence（29 January 2012），para. 1.

② Glamis Gold Ltd *v.* United States，UNCITRAL，Decision on the Parties' Requests for Production of Documents Withheld on Grounds of Privilege（17 November 2005），paras 19–20.

③ Glamis Gold Ltd *v.* United States，UNCITRAL，Decision on Requests for Production of Documents and Challenges of Assertion of Privilege,（21 April 2006），paras 51–52，24–25，31–33，35–38，etc.

特权问题时，在分析了美国法院的有关判决后，声明承认该特权“对本仲裁程序来说是恰当的”[①]。有些仲裁庭在确认国内法下特权法律地位的基础上，还要确定特权在国际法和适用规则下是否构成特权。例如，在 Apotex Holdings *v.* United States 案中被申请人主张所谓“决策过程特权”（deliberative process privilege）而拒绝提供证据，对此仲裁庭要求被申请人“不仅仅提供其国内法下该特权存在的依据，还要提供该种特权在国际法下存在的证据以及其能够包含在《IBA 取证规则》第 9.2 条的证据”[②]。某些国际商事仲裁可能不涉及适用国际法问题，但可以用于衡量仲裁规则或证据规则下的其他法律原则。实践中对上述三个步骤的分析并不一定存在先后顺序，有些情况下也不一定在每一个案件中都得到明确表述。例如，Philip Morris *v.* Australia 案中的仲裁庭认为第 9.2（b）条构成直接对仲裁庭的授权，因此仲裁庭有权自由作出决定。该案仲裁庭认为：

> “基于一方当事人或其律师在本国管辖范围内的执业道德规则和标准而产生的特权理由，《IBA 取证规则》第 9.2（b）条附加了‘仲裁庭决定适用的法律下’的条件。鉴于此，法庭的结论是虽然一方的现行规则可能为此提供有帮助的类比，但它们不能成为法庭的裁决的根据，也不能在目前案件中起决定性作用。”[③]

本案中，仲裁庭虽然认为国内法提供了有益的“类比”，但在其判词中没有看到对法律特权请求在国内法和国际法下法律地位的分析，而是援引其自由裁量权直接做出决定。[④]

此外，仲裁庭还要确保法律特权的保护符合公平和平等对待双方的原则。

---

① Glamis Gold Ltd *v.* United States，UNCITRAL，Decision on the Parties’ Requests for Production of Documents Withheld on Grounds of Privilege（17 November 2005），para. 24.

② Apotex Holdings Inc *v.* United States，ICSID Case No ARB（AF）/12/1，Procedural Order on the Parties’ Respective Requests for Document Production（29 March 2013），para. 0.

③ Philip Morris Asia Ltd *v.* Commonwealth of Australia，PCA Case No. 2012-12，Procedural Order No 12（14 November 2014），para.4.6.

④ Philip Morris Asia Ltd *v.* Commonwealth of Australia，PCA Case No. 2012-12，Procedural Order No 12（14 November 2014），paras 4.7–4.8.

例如在 Apotex Holdings *v.* United States 案中，仲裁庭分析后认为使用美国法既反映了各方对此的期待，又尊重了各方的平等。仲裁庭认为，“《IBA 取证规则》第 9.3（c）条已经充分承认了各方及其顾问在所有重要时间内的期望，此点正如《IBA 取证规则》第 9.3（e）条也承认必须保持各方的公平和平等一样，各方对美国法的依赖已经明确表明了他们（对法律特权请求适用法律）的期望，包括在他们之间维护公平与平等程序所应具备的各项因素”。[①]

六、我国的证据调取权和证据保护制度

对于我国大部分企业和律师来说，法律特权可能还是一个比较陌生的概念，但对于法院或仲裁庭的证据调取（调查）权却不陌生。我国《民事诉讼法》第 64 条规定了在诉讼程序中人民法院可以依职权或协助当事人调查取证，据此，人民法院有权要求当事人或案外人提供证据。此外，《最高人民法院关于适用〈中华人民共和国民事诉讼法〉的解释》第 112 条还规定了当书证在对方当事人控制之下的，承担举证证明责任的当事人可以在举证期限届满前申请人民法院责令对方当事人提交。这项制度类似于国际仲裁程序中“证据开示”制度，赋予了人民法院责令诉讼中控制书证的一方出示书证的权力。同时，《最高人民法院关于适用〈中华人民共和国民事诉讼法〉的解释》及《最高人民法院关于民事诉讼证据的若干规定》对无正当理由拒不提供证据的也规定了相应的后果或责任。[②] 我国《仲裁法》和主要仲裁规则也都规定了仲裁庭认为必要时有向当事人调查取证的权力。[③] 虽然我国法律中已经大量存在证据调取权，但法律特权的概念并不存在，我国的证据保护制度目前还基本处于法院主导下的证据保密的层面。例如，《最高人民法院关于知识产权民事诉讼证据的若干规定》规定：“证据涉及商业秘密或者其他需要保密的商业信息的，人民法院应当在相关诉讼参与人接触该证据前，要求其签订保密协议、

---

① Apotex Holdings Inc *v.* United States, ICSID Case No ARB（AF）/12/1, Procedural Order on Document Production Regarding the Parties’ Respective Claims to Privilege and Privilege Logs（5 July 2013）, para 21.

② 例如《最高人民法院关于适用〈中华人民共和国民事诉讼法〉的解释》第 112 条和第 113 条;《最高人民法院关于民事诉讼证据的若干规定》第 95 条。

③ 《仲裁法》第 43 条。例如《北京仲裁委员会仲裁规则》（2019）第 34 条第 1 款;《贸仲委仲裁规则》（2015）第 43 条。

作出保密承诺，或者以裁定等法律文书责令其不得出于本案诉讼之外的任何目的披露、使用、允许他人使用在诉讼程序中接触到的秘密信息。当事人申请对接触前款所称证据的人员范围作出限制，人民法院经审查认为确有必要的，应当准许。”①

我国部分主要仲裁机构的仲裁规则明确规定了证据认定权属于仲裁庭，但是在仲裁庭采纳证据和鉴定意见的裁量权上存在一定差别。例如《中国国际经济贸易仲裁委员会证据指引》（2015）（以下简称《证据指引》）和《北京仲裁委仲裁规则》（2019）规定了对证据和鉴定意见的认定及采纳由仲裁庭作出决定，② 区别在于《北京仲裁委仲裁规则》对仲裁庭作出证据认定的依据给出了进一步指引。③ 我国的仲裁机构也引入了与《IBA 取证规则》第 3 条类似的制度。例如,《证据指引》规定的“特定披露请求”制度。④《证据指引》在第 7.3 条列出了类似《IBA 取证规则》第 9.2 条规定的证据排除制度，但其中并不包括“法律特权”概念，代之以“披露可能导致违反法律或执业操守”⑤。尽管没有规定“法律特权”，但是《证据指引》第 19.1 条却规定：“根据仲裁庭认为适当的、免于披露义务的规则，仲裁庭可决定对当事人提交的某项证据不予采纳，尤其是那些律师与客户之间的保密通讯或涉及当事人之间和解谈判的证据。”首先“律师与客户之间的保密通讯”与第 7.3 条下的“披露可能导致违反法律或执业操守”之间的关系并不明确。如果理解为保密通讯的外延大于第 7.3 条的规定，排除范围应当仅限于第 7.3 条规定的部分，那么有可能一部分保密通讯无法排除。这部分可能落入第 19.1 条规定的不予采纳证据的范畴。此外，从行文中可以看出,《证据指引》规定“律师与客户之间的保密通讯”只能由仲裁庭“不予采纳”，并且这一规定包括在“证据认定”一节，如果那些不能在第 7.3 条下排除的律师与客户之间的保密通讯，只能提交由仲裁庭予以认定后才能“不予采纳”，仲裁庭认定前是需要请对方发表意见还是私密决

---

① 《最高人民法院关于知识产权民事诉讼证据的若干规定》第 26 条。

② 《中国国际经济贸易仲裁委员会证据指引》第 18 条及《北京仲裁委员会仲裁规则》（2019）第 38 条第 1 款。

③ 《北京仲裁委员会仲裁规则》（2019）第 38 条第 2 款。

④ 如《中国国际经济贸易仲裁委员会证据指引》第 7 条。

⑤ 《中国国际经济贸易仲裁委员会证据指引》第 7.3（2）条。

定（*in camera*），抑或是引入国际仲裁中的“特权日志”方式？私密决定是否符合仲裁规则甚至可否在仲裁程序中使用也存在问题？

虽然我国法律或仲裁规则中已经存在类似“证据开示”的取证制度，但是法律或仲裁规则均未授权当事人和律师以法律特权为由合法地排除证据。诉讼中当事人在面对出示证据的命令时，无法援引“法律特权”来排除人民法院和仲裁机构调取律师和客户间的保密通讯并作为证据使用的权力。证据控制一方违反前述出示证据命令拒不出示证据时，要承担法律责任或不利后果。如前文所述，实际上《证据指引》似乎也没有明确赋予当事人对包含律师和客户保密通讯的“特定披露请求”对抗权和排除权，仅授权仲裁庭对有关证据不予采纳。仲裁庭排除证据的依据和程序又是什么呢？ 这样的规定与《IBA 取证规则》第 9.5 条规定的包括“特权日志”披露模式在内的保密制度存在的差别较大，实践中难以真正维护证据的保密性。此外，我国《律师法》第 38 条第 1 款规定：“律师应当保守在执业活动中知悉的国家秘密、商业秘密，不得泄露当事人的隐私。”但是这与大陆法系下的“执业保密”义务不同，《律师法》下的律师的保密义务是否能对抗调查取证权仍有待澄清。即使通信内容包含保密法律意见的内容，在没有明确享有证据特权的前提下，律师是否能以此作为合法排除证据的理由仍需由司法实践确认。

七、结语

法律特权制度是一项被大多数普通法系和大陆法系国家接受的证据保护制度。这一制度在国际仲裁程序中也得到了广泛而普遍的承认和实践，成为排除证据的理由之一。 成功适用可以实现保护或开示证据的目的，从而使相关方在程序中占得先机。无论对于主张一方还是被主张一方来说，一件关键证据都可能影响甚至直接决定案件的结果，其重要性不言而喻。法律特权制度在各国的保护水平不同，保护范围各异，实践中形成了一个多样性的法律环境。国际仲裁中涉及多个司法管辖区的当事人同时提出法律特权保护请求的情况非常常见，这种情况对仲裁庭的要求非常高，仲裁庭不仅要熟悉有关国内法或律师执业规范，也要熟悉仲裁规则对正当程序的要求，同时能够驾驭案件审理使其不被当事人过度的特权请求所累而造成高成本低效率。对于各方和律师而言，除了要具备以上的经验和技能外，更重要的是在项目实施的每个阶段确保有效地利用法律特权制度保护自己的证据，特别是对自己不利的证据。

国际仲裁程序中，当事人通常要援引与通信有关的法律来主张法律特权，对于援引一方来说如果其本国法和律师执业规范对法律特权保护程度不高，则需要借助保护程度较高的法域来创造更好的保护水平。虽然如此，仲裁庭也只会在合理限度内对“依赖利益”予以考虑。当前我国企业和境内律师之间的法律意见和工作成果是否可以在国际仲裁程序中得到法律特权保护仍存在问题。显然，目前我国的法律环境对我国主张法律特权是不利的。虽然我国法律下的证据制度可能适合国情，但对于我国的企业和律师在国际仲裁程序中的证据特权主张可能构成一定障碍，使我国在面对开示请求时处于不利地位。现状对我国仲裁机构和律师在国际市场提供全方位的仲裁和法律服务也造成了一定的影响，不利于我国仲裁机构和律师开展涉外服务。希望本文能为国内的企业和仲裁同仁进一步了解国际仲裁中的法律特权制度提供一定帮助，也能引起立法和司法部门的重视，积极研究具有中国特色的社会主义法律特权制度，完善我国的涉外证据保护制度，更好地为“一带一路”国际商事争端解决机制的建立与完善提供充分法律依据和保障，更好地服务国家全面开放和发展战略。

《新加坡调解公约》背景下国际和解协议跨境执行审查制度探究

张志国 *

● 摘 要

《新加坡调解公约》确立了国际商事和解协议跨境直接执行机制，但出于对和解协议监督及维护执行地国家利益等方面的需要，仍有必要建立和解协议跨境执行审查制度。和解协议跨境执行审查制度在审查对象、审查内容、法律效果等方面区别于外国仲裁裁决司法审查制度，兼具支持、监督、控制和解协议质量、权利救济等方面功能。同时，本文从制度模式、基本原则、审查主体、审查范围、权利救济程序等方面对跨境执行审查制度内容进行了分析，并就我国构建跨境执行审查制度作了初步探讨。

● 关键词

《新加坡调解公约》 国际商事调解 国际和解协议 跨境执行审查

Abstract: The Singapore Convention has established a cross-border direct execution mechanism for international commercial settlement

---

* 张志国，北京市密云区人民法院法官助理，北京师范大学法学院博士研究生。本文系国家社科基金“把社会主义核心价值观融入法治建设”重大项目阶段性研究成果，项目编号：18VHJ015。

agreements, but it is still necessary to establish a review system for cross-border execution of settlement agreements for the purpose of supervising settlement agreements and safeguarding national interests at the place of implementation. Different from the judicial review system of foreign arbitration awards in terms of objects of review, content of review and legal effect, the cross-border implementation review system of settlement agreement has the functions of supporting, supervising and controlling the quality of settlement agreement and right relief. At the same time, this paper analyzes the content of cross-border execution review system from the aspects of system mode, basic principles, subject of review, scope of review and right relief procedure, and makes a preliminary discussion on the construction of cross-border execution review system in China.

Key Words: Singapore Convention, international commercial mediation, international settlement agreement, cross-border enforcement review

2018年6月，联合国国际贸易法委员会历时3年之久，最终形成了《关于调解所产生的国际和解协议公约》(United Nations Convention on International Settlement Agreements Resulting from Mediation)，并于2018年第73届联合国大会正式通过，因为该公约在新加坡政府签署，故又称为《新加坡调解公约》。斐济、卡塔尔、新加坡三国已于2020年3月12日及以前批准加入该公约，根据《新加坡调解公约》约定在第三份批准书、接受书、核准书或者加入书交存后六个月生效，该公约已于2020年9月12日生效。截止到2020年10月2日，全球已有54个国家签署该公约，并有6个国家通过国内法程序批准加入该公约，该公约的生效使得国际和解协议的跨境执行成为现实。

一、问题的缘起

国际民商事诉讼、国际商事仲裁及国际商事调解是国际商事纠纷解决最为重要的三种方式。2005年《法院选择协定公约》及2019年《承认与执行外国民商事判决公约》为国际民商事判决的跨境承认与执行奠定了法律基础。

1958年《承认及执行外国仲裁裁决公约》(以下简称《纽约公约》)为外国仲裁裁决的跨境执行提供了强大法律支撑，该公约现已有160余个成员国，成为全球参与最广泛、影响最大的国际争议解决公约。正是因为《纽约公约》在世界范围内构建起仲裁裁决跨境执行体系，所以越来越多的当事人选择通过仲裁解决国际纠纷，也造就了其在国际商事多元纠纷解决中体现出主导地位。①《新加坡调解公约》生效前，由于国际和解协议缺乏可依赖的跨境执行体系作为保障，国际商事和解协议较仲裁裁决不确定性更大且难以得到有效执行，极大影响了当事人选择调解作为纠纷解决途径的积极性，导致调解成本低、时效快、友好型等优势难以在国际商事纠纷解决中得到充分的发挥。从某种程度上说，当事人并不太关注选择何种的纠纷解决方式，而更关注此种方式结果的执行力。②

涉外民商事诉讼涉及法院地的选择、管辖权的冲突与协议及判决的承认与执行等问题，程序周期长，且律师费、诉讼费等诉讼成本较为高昂，在国际民商事纠纷解决上，选择通过诉讼解决的相对较少。调解作为一种友好型ADR纠纷解决方式，在降低纠纷解决成本、维系商业合作关系、促进纠纷的一揽子解决等方面具有明显优势。③《新加坡调解公约》生效之后，赋予了国际商事和解协议以执行力，极大克服了和解协议的不确定性，势必会给国际商事调解制度及其实践的发展带来巨大的机遇。《新加坡调解公约》确立了国际和解协议直接执行机制，但是否需要对和解协议进行执行审查，如需要，应构建怎样的跨境执行审查制度，是落实《新加坡调解公约》过程中面临的重要课题。我国作为“一带一路”的倡议国和首批46个《新加坡调解公约》签署国，及时研究并构建和解协议跨境执行审查制度，对充分发挥国际商事调解制度优势，促进“一带一路”纠纷化解具有重大现实意义。

二、和解协议跨境执行审查的正当性分析

《新加坡调解公约》形成中，曾在对国际调解所产生的国际和解协议采取

① 刘晓红、冯硕:《改革开放40年来中国涉外仲裁法律制度发展的历程、理念与方向》，载《国际法研究》2019年第6期。

② 陈铭龙:《〈新加坡调解公约〉视角下国际和解协议的执行》，载《研究生法学》2019年第4期。

③ 黄进主编:《国际商事争议纠纷解决机制研究》，武汉大学出版社2010年版，第226-229页。

何种“承认与执行”程序有过较为激烈的讨论。在2015年联合国国际贸易法委员会第二工作组（仲裁和调解）工作报告（A/CN.9/861）上曾指出，和解协议在本质上属于私人意思自治范畴，承认程序是一国对另一国发出公共法令给予法律效力。对和解协议进行承认不仅不会产生任何法律效力，还会产生一些负面效果。[①]另外，该报告还指出，和解协议不同于外国法院判决或仲裁裁决，难以确定和解协议来源地国家的情况时有发生，同时，和解协议来源地国家复审机制可能会导致双重执行确认，这将有悖于提供一种高效、简易执行机制的目的。[②]基于上述考虑，《新加坡调解公约》确立了跨境和解协议的直接执行机制。尽管如此，并不意味着和解协议可不经任何审查就径直执行，执行前的审查仍是必要的。

（一）是由国际和解协议性质所决定的

调解成功后，当事人会基于调解形成和解协议。和解协议是当事人互相协商、让步，寻求纠纷化解的协议，是一种特殊的合同类型。[③]和解协议是当事人在调解过程中私权利处分的最终体现，不同于一般的民事法律行为，该行为以存在基础法律关系为前提，通常为合同关系或因侵权行为而引起的赔偿关系。和解协议的合同属性，只要该协议系当事人的真实意思表示，且不违背强制性法律规定，该协议就对当事人各方产生约束力。但是此种法律约束力，不同于司法文书和仲裁裁决，该协议不具有强制执行力，更多依靠当事人的自动履行来实现。[④]

学界对和解协议存在一定争论，有创设效力说、认定效力说、折中说之分。创设效力说认为，和解协议旨在创设新的权利义务关系，原来的权利义务关系归于消灭。认定效力说认为，和解协议仅是对原有法律关系的确认，而非设定新的法律关系。折中说为当前学界通说，认为和解协议既可能是对原来权利义务关系的确认，也可能在原有基础上创设新的法律关系，形成新的权利义务关系。[⑤]

---

① 该报告第12页，载https://undocs.org/zh/A/CN.9/861，最后访问时间：2021年3月26日。

② 该报告第13页，载https://undocs.org/zh/A/CN.9/861，最后访问时间：2021年3月26日。

③ 黄立主编：《民法债编各论》，中国政法大学出版社2003年版，第831页。

④ 尹力：《国际商事调解法律问题研究》，武汉大学出版社2007年版，第166页。

⑤ 王利明：《论和解协议》，载《政治与法律》2014年第1期。

综上所述，国际和解协议是当事人权利自由处分的结果，在性质上归属于合同，在效力上仅对当事人具有约束力。纠纷解决方式在性质上只服从于当事人意志，与国内法体系没有关系，国内法院无权进行干预；反之，一旦与国内法体系发生牵连，国内法院就有权进行监督。[①]《新加坡调解公约》赋予了国际调解所形成和解协议的强制力，需要执行地主管机关（法院）予以支持和配合，否则无法实现。这样一来，就在国际和解协议与一国国内公权力（司法权）之间建立了实质化联系。国际和解协议既是当事人的真实意思表示，又不能违反《新加坡调解公约》及执行地法律强制性规定。同时，对和解协议进行必要的审查是基于对当事人私权处分行为进行必要限制的考虑，以确保和解协议保持法治的秩序。一言以蔽之，正是因为和解协议的性质，决定了其对执行地法院的依赖，也正是这种依赖赋予执行地法院对其进行审查的权利。

（二）是维护执行法院地国家利益的需要

国际商事调解能够在最大程度上体现当事人的意思自治，对于程序的规范及实体的合法关注较之仲裁相对较少。国际仲裁过程中也极少关注一国的国家利益或是公共利益，但是一旦涉及仲裁裁决的承认与执行，法院就会对国家利益、公共利益进行认真考虑。[②]和解协议的跨境执行不可避免地涉及执行法院所在地的国家利益，执行地法院对其进行审查与仲裁裁决的执行审查在原因发生力上具有高度的相似性，即出于维护国家利益和社会公共利益的需要。

同时，司法权作为一个独立、完整国家主权的重要组成部分，国际和解协议的强制执行有赖于一国的司法权力。国家加入、签订并执行国际公约、多边或是双边协议，不是让渡国家主权，恰恰是行使国家主权的生动体现。[③]

执行地国家法院依据《新加坡调解公约》及其本国国内法规定，对国际和解协议进行执行审查，并作出予以执行或拒绝执行的决定，正是其行使国家司法主权的体现，也是维护本国主权的需要。此外，和解协议的跨境强制执

---

① 于喜富：《国际商事仲裁的司法监督与协助——兼论中国的立法与司法实践》，知识产权出版社2006年版，第74–75页。

② 何其生：《国际商事仲裁司法审查中的公共政策》，载《中国社会科学》2014年第7期。

③ 朱科：《试论国际商事仲裁司法审查的基本原则》，载《河南社会科学》2016年第11期。

行会涉及对执行地国家个人、法人等主体财产的强制执行，执行地国家具有保护本国合法财产不受非法侵害的天然性和宪法性义务，执行前的审查正是落实该宪法性义务的具体措施，也有利于保障本国及协议当事人各方的权益。

（三）国际实践惯例：和解协议的强制执行需要公权力的监督和支持

各国立法及实践对和解协议是否具有同仲裁裁决、司法判决相同的强制力态度不一。多数国家尤其是在判例国家，一般认为调解协议或是和解协议仅具有合同效力，不可以直接作为法院强制执行的依据，需经必要的转化程序方具有强制力。[①] 在美国和解协议并不当然具有强制力，当事人依据和解协议向法院申请强制执行，需要法官对该协议进行认可并出具相应的法律文书。[②] 希腊《调解法》规定，只有在法院做过正式备案登记的和解协议，才具有强制执行力。[③] 匈牙利和解协议不具有强制执行力，只有经过法院认可或公证机关认证的和解协议才能具有强制执行力。[④] 瑞士、比利时、俄罗斯等国家，和解协议需要经过法院的司法确认，才能具有强制执行力，[⑤] 我国亦是通过司法确认程序来赋予和解协议以强制执行力。在加拿大社会机构所作出的和解协议不可直接作为强制执行的文书，需转化为正式的司法判决才具有强制执行效力，但魁北克省调解制度是一个例外，该省规定调解过程中形成的和解协议具有强制执行效力。[⑥]

爱尔兰的调解制度中，和解协议不仅不具有强制执行力，也无转化为强制执行依据的通道，一方不履行调解协议时，另一方需要通过诉讼请求继续履行合同或请求赔偿。[⑦] 德国不仅有充分的调解实践，还进行了专门的调解立

---

① Klaus J.Hopt & Felix Steffek, *Mediation: Principles and Regulation in Comparative Perspective*, Oxford University Press, 2012, p.919.

② 王学泽、赖咸森：《美国民事调解系统培训考察报告》，载《中国司法》2016年第2期。

③ 齐树洁主编：《外国ADR制度新发展（第二版）》，厦门大学出版社2017年版，第146页。

④ 齐树洁主编：《外国ADR制度新发展（第二版）》，厦门大学出版社2017年版，第180页。

⑤ 齐树洁主编：《外国ADR制度新发展（第二版）》，厦门大学出版社2017年版，第197页、第286页。

⑥ 肖燕：《加拿大调解制度的特点》，载《人民法院报》2015年11月6日第8版。

⑦ 齐树洁主编：《外国ADR制度新发展（第二版）》，厦门大学出版社2017年版，第275页。

法。《调解法》赋予了调解结果以执行力，被视为德国调解制度的重大进步。[①]调解协议极其严肃，具有与司法判决相同的强制力，可直接作为申请强制执行的文书。[②]印度《仲裁与调解法》规定，和解协议具有与仲裁裁决同等的效力。尽管葡萄牙《调解法》未强制调解协议必须通过司法确认程序才能获取强制执行力，仍对和解协议的认可和执行作了细致的规定，实践中也多选择在执行申请前进行司法确认。[③]由此可见，和解协议的强制执行多需要公权力（司法权）的监督和审查。

为促进调解制度的发展，降低和解协议不确定性所带来的负面影响，2008年欧盟通过《关于民商事调解若干问题的2008/52/EC号指令》（以下简称《调解指令》）。《调解指令》第6条第1款赋予了和解协议以跨境强制执行力，同时，也赋予了执行地对协议进行审查的权利。

三、和解协议跨境执行审查制度的特点及功能

《新加坡调解公约》虽然赋予了国际和解协议以强制执行力，但并不意味着任何国际和解协议都具有强制力，只有满足《新加坡调解公约》条件的和解协议才可能实现跨境执行。判断和解协议是否满足《新加坡调解公约》要求的过程就是跨境执行审查的过程，执行审查是和解协议跨境执行的准备工作。

（一）跨境执行审查制度与仲裁裁决司法审查制度的异同

一是两者概念不同。国际商事仲裁司法审查，就是指法院依据法律规定，通过审查国际商事仲裁裁决获得的合法性、妥当性，对合法的予以认可支持，对违法不当的予以纠正的司法活动。[④]和解协议跨境执行审查制度，是指执行地法院根据《新加坡调解公约》及其本国国内法规定，对调解所形成的和解协议是否满足《新加坡调解公约》强制执行条件进行审查。

二是两者审查对象及内容不同。《纽约公约》在跨境标准上采取了仲裁裁决国籍标准，国际商事仲裁司法审查是对执行地国以外的国家或是地区所作

① ［德］彼得·哥特瓦尔德：《德国调解制度的新发展》，曹志勋译，载《经贸法律评论》2020年第3期。

② 张明强、刘明凤：《德国民事调解制度的发展与启示》，载《中国司法》2012年第5期。

③ 齐树洁主编：《外国ADR制度新发展（第二版）》，厦门大学出版社2017年版，第109页。

④ 朱科：《中国国际商事仲裁司法审查制度完善研究》，法律出版社2018年版，第21页。

出的仲裁裁决进行审查。而《新加坡调解公约》在“国际性”标准上采取了当事人营业地标准，跨境执行审查对象为缔约国内在不同营业地的主体形成的和解协议。另外，尽管在审查内容上存在一定重叠，如都对当事人是否具有相应行为能力、是否违反公共政策、是否侵害公共利益等方面进行审查，但两者在审查重点上也有较大区别。前者重点审查仲裁协议的效力、仲裁程序及仲裁裁决的作出等程序性事项。和解协议是当事人协商、让步的结果，对其程序的合法性关注相对较少，和解协议执行审查重点关注和解协议的确定性（内容是否明确具体、是否被修改）及调解员行为规范。

三是两者处理结果及法律效果不同。仲裁裁决司法审查的结果包括对仲裁的承认和执行。一般来说，承认程序为防御性程序，其目的在于阻止在新程序中提出问题的任何企图，该等问题在仲裁中已作出决定，且其裁决将申请承认；执行具有一定的进攻性，旨在运用法律制裁，迫使裁决所针对的一方当事人履行判决。[①] 和解协议跨境执行审查仅涉及是否准予执行的问题。

四是两者权利属性相同，基本功能较为一致。无论是对外国仲裁裁决的司法审查还是对和解协议的跨境执行审查，两者均为司法活动，在性质上均为司法监督。法院对仲裁的适当监督已为世界各国所普遍接受，且表现出司法监督的被动性，即当事人不提及申请，法院则无权监督。[②] 另外，两者基本功能方向一致，都具有监督和支持功能。

（二）和解协议跨境执行审查的制度功能

制度功能泛指制度所发挥的有利作用，是该制度得以存续的价值所在，也是该制度内容的一部分。和解协议跨境执行审查在制度设计上具有多重功能，一方面，通过对国际和解协议的执行审查对其进行监督和约束。另一方面，执行审查制度作为执行前的必要程序，具有支持和解协议后续强制执行的功能。

一是监督功能。《新加坡调解公约》在要求缔约国对国际和解协议进行强制执行的同时，也赋予执行地法院根据公约及本国法律对该和解协议进行监督审查的权利。对和解协议监督权的行使，正是通过执行审查程序实现的。

---

① ［英］艾伦·雷德芬、马丁·亨特等:《国际商事仲裁法律与实践》，林一飞、宋连斌译，北京大学出版社2005年版，第466-467页。

② 宋连斌:《论中国仲裁监督机制及其完善》，载《法制与社会发展》2003年第2期。

所以，执行审查制度的核心功能之一，就是通过在强制执行前对和解协议的审查来进行监督。和解协议是当事人意思高度自治的结果，和解协议内含当事人对权利的处分，尽管所达成的协议看似不那么公平或是合法，只要该协议为《新加坡调解公约》管辖范围，内容不违反法律强制性规定，亦不影响其效力。所以，和解协议跨境执行审查多为形式审查。主要是对和解协议是否满足《新加坡调解公约》对国际和解协议基本条件的审查，是否为《新加坡调解公约》的管辖范围及关于“国际性”“商事性”等方面进行形式审查。但是仍有一部分监督内容需要进行实质审查，如涉及和解协议是否有违本国的公共政策，是否侵害本国的公共利益等实体事项。

二是支持功能。司法作为社会纠纷解决的一种方式，与仲裁、调解、协商等一同构建了多元化纠纷机制。但不同的是，司法除作为一个独立的纠纷解决途径之外，还通过对仲裁裁决的承认与执行、和解协议的司法确认与执行等司法活动，对其他纠纷解决方式进行监督，也为其顺利进行及最终实现提供了保障。从《新加坡调解公约》的初衷及其公约制度安排来看，就是要赋予国际商事和解协议以强制执行力，以进一步激活并充分发挥其在国际商事争端纠纷中的优势及重要作用。因此，和解协议跨境执行审查制度最为核心的功能应该为支持功能，旨在为和解协议的跨境执行提供基础和支持，在价值位阶上也应优于监督功能。

具体而言，跨境执行审查制度的支持功能主要表现在两个方面。其一是对和解作为国际商事纠纷解决手段的支持。尽管在国际争端解决中国际商事调解相对于涉外民商事诉讼、仲裁有诸多优势，但由于其缺乏强制执行力，调解一直未能在国际争端解决中发挥应有的作用。可以说，和解协议执行力问题已是调解制度能否真正发挥作用的最关键因素。[①] 其二是保障和解协议的最终履行，一旦和解协议通过执行地法院执行审查程序，且符合强制执行的条件，该和解协议就在执行法院地国内领域范围内产生了强制执行力，对被申请人在执行地法院的财产即可强制执行，以确保和解协议的最终履行。

---

① 有调研报告显示：在被问及“设若存在执行和解协议的国际机制时是否选择调解作为争议解决机制”时，80% 的受访者给出了肯定的答复。*See* David S.Weiss & Michael R.Griffith，*Report on International Mediation and Enforcement Mechanisms*，*Institute for Dispute Resolution*（*IDR*）NJCU School of Business.（2017），pp.11–18.

三是质量控制功能。调解员是否遵守调解规则、行业守则，对能否最终达成和解及所达成和解协议的质量具有重要影响。通常来看，对和解质量的控制多通过调解机构内部监督的方式予以控制，但是内部控制具有天然的缺陷。司法审查机制通过审查调解员中立性、行为的规范性、是否履行调解员义务等内容来控制调解质量。[①] 和解协议跨境执行审查通过审查调解员是否存在严重违反调解员准则或调解规则，对和解过程及其协议进行外部监督，能够实现控制和解协议质量的功能。

四是权利救济功能。和解协议跨境执行审查，主要是要发挥司法对和解协议的控制和救济功能。[②] 同时，救济功能表现出较强的双重性，一方面，通过执行审查使和解协议在执行地法院国获得强制力，实现对申请人的救济。另一方面，通过执行审查程序对不符合《新加坡调解公约》条件的和解协议不予执行，实现对被申请人权益的保护。

四、和解协议跨境执行审查的制度内容

制度内容是一个制度的核心组成部分，和解协议跨境执行审查制度的内容包括但不限于基本原则、权利主体、审查范围、审查结果及权利救济等内容。

（一）跨境执行审查制度模式的选择

国际和解协议跨境执行审查制度在设立模式上有统合模式与分立模式之争。统合模式认为，应该构建与国内和解协议相同的跨境执行审查制度。而分立模式认为，应该建立与国内和解协议审查制度迥异的跨境执行审查制度。

一是跨境执行审查制度模式选择的考虑因素。跨境执行审查制度模式的选择是《新加坡调解公约》缔约国面临的一个重要事项，但各国的法制水平、司法运行模式、调解立法及其实践等基本国情不同，无法实现审查制度模式选择上的统一。跨境执行审查制度的选择与确立，要充分考虑本国的司法制度、国内和解协议司法审查制度与实践、司法对国际和解协议的态度等情况。

---

① William A. Herbert，Giuseppe De Palo，Ava V. Baker，Apostolos Anthimos，Natalia Tereshchenko，Michael Judin：*International Commercial Mediation*，The International Lawyer Volume 45，Issue 1. 2011，pp.116–117.

② 高奇：《论国际和解协议在我国的跨境执行：理论分析与制度建构》，载《理论月刊》2020年第8期。

二是统合模式。无论是国际和解协议还是国内和解协议，在性质上并无二致，均为合同性质。统合设立模式认为，同为和解协议性质相同，尽管在两者审查规则、审查标准上有所区别，但仍可适用统一的审查程序，即通过与国内和解协议相同的审查模式来实现对国际和解协议执行审查。有学者指出，我国司法确认制度与《新加坡调解公约》所确立的审查标准、审查目的等内容高度契合，已无单独设立国际和解协议审查制度的必要，直接执行更为合理。①

三是分立模式。分立模式认为，国内和解协议在强制执行力上与国际商事和解协议存在差异。同时，在审查程序、标准上亦存在差别，应构建有别于国内和解协议司法审查的跨境执行审查制度。以司法确认制度为代表的国内和解协议司法审查制度其职能在于赋予调解协议执行力，而国际商事和解协议执行审查程序是确认该国际和解协议能否在申请执行所在国得以强制执行。②

（二）和解协议跨境执行审查制度的基本原则

跨境执行审查制度基本原则是审查国际和解协议应遵守的一般原则，对正确认识司法与国际商事调解的关系，指导司法支持并监督国际和解协议具有重要意义。

一是高度尊重当事人意思自治原则。法律允许个人在私法范围根据个人自由创设法律关系，只要不违反法律根本精神即可。③国际商事调解双方基于各自的自由意志，对其享有的私权利进行处分，进而促成纠纷的解决。和解协议作为当事人私法自治的最终表现，只要此协议不违背《新加坡调解公约》及其执行地法律根本精神、公共政策，就应作出予以执行的决定。高度尊重当事人意思自治，尊重当事人为调解达成所作出的努力及其权利处分，以防止对和解协议过度干预、任意更正，也是保持调解作为独立的纠纷解决方式所必需。因此，要将高度尊重当事人意思自治确立为跨境执行审查制度最根本的原则。

二是适度、谦抑审查原则。国际商事调解旨在实现纠纷的最终解决，维

---

① 杨秉勋：《再论〈新加坡调解公约〉与我国商事调解制度的发展》，载《北京仲裁》2020年第1辑，中国法制出版社2020年版。

② 李戈：《国际和解协议执行审查制度的构建——以〈新加坡调解公约〉的签署为背景》，载《人民法院报》2020年8月21日第6版。

③ 梁慧星：《民法总论》，法律出版社2012年版，第160页。

护长远的商业合作关系及经济利益。当事人更多关注经济利益、商业声誉等非法律事项的考虑，对法律权利不够关注。[①] 所以，形成了“调解在不同程度上处在法律阴影之下”[②] 的客观状态。当事人所达成的和解协议包括权利让渡，甚至这种让渡，使该协议变得极其不公平。但是基于私权自由处分原则，对和解协议的审查标准低于对外国仲裁的审查标准。干预、监督要适度、谦抑，保持足够的克制，必须在《新加坡调解公约》及法律明确规定的事项范围之内。

三是效率优先、兼顾公平原则。效率与公正是纠纷解决过程的永恒主题，且两者相互交织，形成了一定的竞争关系。通过调解解决争议促使资源效力最大化，是调解所追求的基本价值。[③] 在执行审查制度构建及其制度运行上要充分体现调解的效率属性，简化执行审查程序、控制审查时限，如其程序时限设定上应不长于对外国仲裁裁决的司法审查时限。同时，调解是以非正式进行的，且没有正当程序为其提供保障，可操作性和压迫性的行为会时有发生。[④] 如此一来，就涉及调解公正性问题，执行审查需要关注调解过程及其所达成和解协议的公正性。

四是将审查调解员的职业规范作为重要内容。通常来说，对外国仲裁裁决的司法审查以程序审查为主，关注仲裁程序的合法性及正当性。鉴于调解过程的私密性、随意性，因此，对跨境和解协议的执行审查不同于《纽约公约》关注程序正当性，而是把更多的精力放在了调解员公正性、是否履行保密义务、调解行为是否规范等方面。

（三）跨境执行审查主体

《新加坡调解公约》旨在推进和解协议的跨境强制执行，并未就执行主体作出具体安排。从权利享有和职责行使上，此跨境执行权利应归于享有民事强制执行权的主管机关。世界各国对强制执行权是司法性还是行政性认识不一，并在强制执行主体设置上得以体现。实践中，倾向于认为执行权是司法

① *See* Laurence Boulle and Jay Qin, *Globalising Mediated Settlement Agreements*, 3 J. Int'l Comp. L.33 (2016).

② Laurence Boulle, Miryana Nesic, *Mediation: Principles, Process, Practice*, Butterworths, 2001, pp.466–467.

③ 尹力:《国际商事调解法律问题研究》，武汉大学出版社2007年版，第35页。

④ [英]西蒙·罗伯茨、[英]彭文浩:《纠纷解决过程：ADR与形成决定的主要形式》，刘哲玮、李佳佳、于春露译，北京大学出版社2011年版，第254页。

权的国家，由法院享有执行权，认为执行权为行政权的国家，由行政机关享有执行权。[①]将强制执行权作为司法权是主流趋势，对外国仲裁裁决的承认与执行也多由一国的法院来实施。由此可见，由法院作为对跨境执行审查机关应为主流，我国跨境执行审查机关也应为法院。根据承认和执行外国仲裁裁决的司法经验来看，审查机关的确立还涉及法院层级及与被申请人关系问题。为了集中管辖，提高审查质量和效率，和解协议跨境执行审查主体可确定为被执行人财产或其住所地所在的中级人民法院。[②]

另外一个问题是，内部请示报告制度是否适用和解协议跨境执行审查。为确保对外国仲裁裁决司法审查的质量，我国于 1995 年确立了涉外仲裁和外国仲裁司法审查的内部请示报告制度，并在支持外国仲裁、控制仲裁质量上发挥了一定作用。但有学者提出内部请示报告制度存在违反审级独立、不符合诉讼构造原理且与去司法行政化改革目标相左等内在缺陷，[③]实践中导致程序拖沓等问题。正因如此，内部请示报告制度一直为学界所诟病。

近年来学术界、实务界对废除或是改革内部请示报告制度的呼声越来越强烈。笔者认为，跨境执行审查制度构建应舍弃内部请示报告制度，理由如下：一是提升跨境执行审查效率的需要。调解相对于诉讼、仲裁对效率而言有着更为强烈的追求，对和解协议的执行审查要充分考虑效率，程序设置不宜过于烦琐。内部请示报告制度，要从中院到高院最后再到最高院，程序的往返会耗费大量时间，不利于实现快速执行的目标。二是充分发挥跨境执行审查支持功能的需要。一旦实行内部请示报告制度，势必会导致拟准予强制执行的和解协议陷入不能强制执行的境地。通过内部请示报告制度，最高院对 30% —40% 的拟否定仲裁协议和仲裁裁决效力的案件，未予批准，加之高院层面的可能会更多。[④]但和解协议不涉及效力认可的事项仅涉及强制执行。因此，无需设置内部请示报告制度，即可实现对和解协议支持的功能。反之，将增加执行审查的程序成本，不利于审查执行支持功能的发挥。

---

① 郭春涛：《中外民事强制执行体制比较研究报告》，载《中国司法》2005 年第 6 期。

② 孙长龙：《论〈新加坡调解公约〉的完善及其在中国的适用》，载《国际商务研究》2020 年第 5 期。

③ 朱科：《国际商事仲裁司法审查案件内部请示报告制度的转型》，载《法学杂志》2017 年第 6 期。

④ 于喜富：《国际商事仲裁市场竞争机制下国内法院对国际商事仲裁的支持》，载《东岳论丛》2014 年第 4 期。

（四）跨境执行审查范围

跨境执行审查范围在于确定执行审查的边际，以防止司法对调解的过度干预。《新加坡调解公约》第4条、第5条采取列举的方式明确了执行审查范围及其具体事项。

从范围上看，执行审查范围可分为主动审查、被动审查。主动审查又称依职权审查，即主管机关依据《新加坡调解公约》及本国法律所赋予的职权可依据职权进行审查，审查事项包括对国际和解协议具备的形式要件、公共政策及事项可调解性问题。被动审查又称以当事人申请启动的审查，除当事人主动向对应的主管机关申请审查外，主管机关不得对此事项进行审查。《新加坡调解公约》第5条对被动审查的事项进行了界定，包括当事人行为能力、和解协议效力及其终局性问题、调解员遵守调解准则情况和调解员公正性披露义务履行情况等。同时，从审查标准上来看，应坚持以形式审查为主，形式审查与实质审查相结合的原则。就和解协议是否违反公共政策应进行实质审查，否则，无法界定和判断其是否违反执行地国家公共政策。但是，基于和解协议的特性，不宜对协议内容进行过度的实质审查，要坚持以形式为主的原则，如对和解协议是否符合《新加坡调解公约》要件要求、调解员行为规范等事项须进行形式审查。

《纽约公约》和《新加坡调解公约》在审查范围上存在一定交叉，但二者具有明显的区别。仲裁裁决的质量、公正性由仲裁程序来保障，如仲裁庭的组成、仲裁权运行是否符合程序规范等。调解缺乏规范、严密的程序，故不对其程序性事项进行审查。调解员素质、公正性及其行为规范对调解的顺利进行及结果的公正具有重要意义。欧盟调解行为准则从调解员能力、选任、独立性和公正性等多个方面进行了规范[①]，以确保调解质量及其公正性。这也决定了对调解员进行审查的正当性和必要性。《新加坡调解公约》第5条对调解员审查的具体内容进行了规定，一是对调解员行为规范的审查，二是对调解员公正性或独立性披露义务履行情况的审查。[②]对调解员行为规范的审查，

---

① 董海洲、宋连斌：《欧洲调解员行为守则》，载《北京仲裁》2009年第1辑，中国法制出版社2009年版。

② 陈洁：《我国国际和解协议准予救济制度的构建——以〈新加坡调解公约〉的签署为契机》，载《东南大学学报（哲学社会科学版）》2020年第2期。

主要考察其是否违反调解准则，其违反的程度要严重到对和解产生实质影响。全球有近百家调解机构，调解规则和制度各异，[①]且对调解员的公正性、行为规范等事项要求不一，这就要确定审查的参照标准即确定参照何种调解准则。可依据以下原则进行判断，有约定依照约定，无约定参照调解机构规则或是国际通行调解规则，如《国际商事调解示范法》等。自身披露义务审查，如调解员与调解一方存在利益关系，又未在调解开始前告知对方，此种情况达成和解协议，通常会被认定无效。

执行审查无法回避的是对和解协议的形式审查，其中包括对《新加坡调解公约》适用范围、“国际性”、“商事性”、协议产生于调解过程及协议“终局性”的审查，但由于本文讨论重点及篇幅的限制，不在此进行深入讨论。

（五）跨境执行审查结果

经执行审查，执行地主管机关要根据《新加坡调解公约》及本国法律作出审查决定。和解协议对当事人具有约束力，无需执行地主管机关予以确认。审查机关仅就能否在执行地进行强制执行作出决定，符合条件的作出“准予执行”的决定，反之则作出“不予执行”的决定。

我国国内调解协议通过司法确认程序来赋予其强制执行力，对符合条件的予以确认，不符合条件的不予确认。《新加坡调解公约》确定了和解协议直接执行机制，因此，法院无需就其效力问题作出认定，将根据审查结果作出准予执行或者不予执行的裁定。

（六）权利救济程序

“无救济则无权利”，执行审查制度还涉及对准予或是不准予执行的救济问题。《新加坡调解公约》仅规定了符合条件的和解协议应予以强制执行及何种情形下不予强制执行。至于执行审查结果是否为终局性，当事人对审查执行结果是否享有异议权，对审查决定不服能否得到救济等问题，《新加坡调解公约》并未作具体安排，需交由执行地国内法律予以细化、调整。同时，调解协议存在侵害第三人权益的可能，需要予以救济。2011 年，最高人民法院《关于人民调解协议司法确认程序的若干规定》第 10 条规定，案外人认为所确认的调解

① 祁壮：《“一带一路”建设中的国际商事调解和解问题研究》，载《中州学刊》2017 年第 11 期。

协议侵害其合法权益的，可以申请撤销确认。[①]国际和解协议也可能涉及第三人利益保障的问题。因此，从权利保障的角度，应赋予当事人及案外人对执行审查决定的异议权。

我国在构建国际和解协议执行审查制度时，可考虑赋予当事人及案外人以异议权。不同的是，两者在异议权享有和行使方面有所区别。案外人仅在认为和解协议侵害其权利时，对作出准予执行的法院提出异议。当事人不服法院作出予以或是不予执行裁定时，均可提出异议。正如前文所述，外国仲裁裁决司法审查内部请示报告制度不宜适用于和解协议跨境执行审查。或可考虑充分发挥审级监督作用，建立对跨境执行审查不服的上诉救济机制。

五、结语

国际商事调解作为国际商事争端解决的方式之一，在纠纷解决成本、保护当事人商业秘密及促进商事长期合作等方面具有明显优势，但由于和解协议的不确定性，无法得到跨境强制执行，致使其在国际商事纠纷解决中的地位和作用远不如仲裁。《新加坡调解公约》赋予国际和解协议以执行力，使和解协议得以跨境执行。和解协议跨境执行审查制度是和解协议跨境执行的重要内容，也是推进《新加坡调解公约》落地的具体制度安排。

① 最高人民法院《关于人民调解协议司法确认程序的若干规定》第10条规定："案外人认为经人民法院确认的调解协议侵害其合法权益的，可以自知道或者应当知道权益被侵害之日起一年内，向作出确认决定的人民法院申请撤销确认决定。"

征稿启事

《北京仲裁》由北京仲裁委员会 / 北京国际仲裁中心主办，主要刊登中外仲裁、调解、工程评审等与多元化纠纷解决机制相关的民商事理论性、实践性的论文或者介绍性文章以及符合前述范围的翻译文章。本出版物每年出版四辑，下设“主题研讨”“专论”“仲裁讲坛”“比较研究”“ADR 专栏”“案例评析”“办案札记”等栏目。

编辑部热诚欢迎广大读者投稿，投稿前请仔细阅读以下注意事项：

1. 来稿应符合本出版物网站（www.bjac.org.cn /magazine/）的投稿要求及注释体例，并按要求写明作者信息、中英文题目、内容摘要、关键词等信息。

2. 来稿应严格遵守学术规范，如出现抄袭、剽窃等侵犯知识产权的情况，由作者自负责任。

3. 为扩大本出版物及作者信息交流渠道，本出版物已经委托博看网数字发行，并已被 CNKI 中国期刊全文数据库收录。凡向本出版物投稿的稿件，即视作作者同意独家授权出版其作品，包括但不限于纸质图书出版权、电子版信息网络传播权、无线增值业务权等权利，授予本出版物授予合作单位再使用、授予相关数据库收录之权利，作者前述相关的著作权使用费将由编辑部在稿酬内一次性给付。若作者不同意前述授权的，请在来稿时书面声明，以便做适当处理；作者未书面声明的，视为同意编辑部的前述安排。

4. 投稿方式：请采用电子版形式，发送至电子邮箱 bjzhongcai@bjac.org.cn。如在两个月内未发出用稿或备用通知，请作者自行处理。

5. 所有来稿一经采用，即奉稿酬（400 元 / 千字，特约稿件 500 元 / 千字）。

《北京仲裁》编辑部

图书在版编目 (CIP) 数据

北京仲裁. 第 115 辑 / 北京仲裁委员会（北京国际仲裁中心）组编.
—北京：中国法制出版社，2021.8

ISBN 978-7-5216-2098-6

Ⅰ. ①北…　Ⅱ. ①北…　Ⅲ. ①仲裁–文集
Ⅳ. ① D915.704-53

中国版本图书馆 CIP 数据核字（2021）第 155294 号

策划编辑：马　颖
责任编辑：侯　鹏　　　封面设计：李　宁

北京仲裁（第 115 辑）

BEIJING ZHONGCAI（DI 115 JI）

组编 / 北京仲裁委员会（北京国际仲裁中心）

经销 / 新华书店

印刷 / 河北鑫兆源印刷有限公司

开本 / 787 毫米 ×960 毫米　16 开　　　印张 / 11.5　字数 / 188 千

版次 / 2021 年 8 月第 1 版　　　2021 年 8 月第 1 次印刷

中国法制出版社出版

书号 ISBN 978-7-5216-2098-6　　　定价：39.00 元

北京市西城区西便门西里甲 16 号西便门办公区

邮政编码 100053　　　传真：010-63141852

网址：http://www.zgfzs.com　　　**编辑部电话：010-63141826**

市场营销部电话：010-63141612　　　**印务部电话：010-63141606**

（如有印装质量问题，请与本社印务部联系。）